캠프힐에서 온 편지

캠프힐에서 온 편지
발도르프 아줌마의 삶과 교육 이야기

초판 발행 · 2008. 12. 06.
초판 3쇄 · 2011. 06. 22.
지은이 · 김은영
펴낸이 · 김광우
펴낸곳 · 知와 사랑
서울시 영등포구 당산 3가 558-3 더파크365. 908호
전화 (02)704-5040
팩시밀리 (02)335-2965

ISBN 978-89-89007-41-8
값 12,000원
www.jiwasarang.co.kr

* 이 책의 수익금 전액은 '슈타이너 학교(발도르프 학교)'와
  '캠프힐 공동체' 건립기금으로 사용됩니다.

캠프힐에서 온 편지

CAMPHILL SCHOOL GROUNDS

발도르프 아줌마의 삶과 교육 이야기

김은영 지음

知와 사랑

『캠프힐에서 온 편지』 이후

 『캠프힐에서 온 편지』가 출간된 지 4년째 접어듭니다. 책을 낸 다음 해인 2009년 2월, 물 좋고 공기 맑은 양평에 터를 잡고 양평 슈타이너학교를 개교한 지도 3년이 되어갑니다. 우리 아이들이 복이 많아 이렇게 아름다운 곳을 만나 학교부지로 선정하게 되었지요. 아직도 해결해야 할 문제는 산적해 있지만 아이들이 하루하루 올곧게 성장해 나가는 모습을 보면 힘이 생깁니다.

 루돌프 슈타이너는 "자신이 속한 공동체에서 각자가 자신의 몫을 덜 요구할수록 공동체는 풍요로워진다"고 역설했습니다. 나이 40에 새로운 삶을 찾아 떠난 독일에서의 경험은 모든 것을 변화시켰습니다. 장애아동을 위한 발도르프학교 설립이라는 씨앗이 땅 속에 뿌리를 내리고 이제 쌍떡잎이 가지를 뻗어 올라가기 시작합니다. 한 사람의 생각이 현실 속에서 차례차례 실현되어가는 것을 지켜보는 사람들은 모두 놀라워합니다.

 공교육 체제 속에서 다른 아이들과 배움의 속도가 달라 힘들어 하던 아이들이 이해받는 환경 속에서 천천히 배움의 길을 걷고 있고 스스로 상처를 치유할 수 있는 내적인 힘을 키워가고 있다는 것이 무엇보다 기쁜 일입니다. 이것을 지켜보고 함께하는 교사도 행복합니다.

우리 학교가 나아가야 할 길은 일터와 삶터가 함께하는 '캠프힐 공동체'를 만드는 일입니다. 그곳에는 장애와 비장애의 구분이 없는 모든 이들의 삶터와 일터가 될 것입니다. 장애아동을 돕고 그들의 삶과 관련된 사람들을 가리켜 슈타이너는 '신(神)이 해야 할 일들을 지상에서 대신 하는 사람들'이라고 말합니다. 그래서 장애아동과 관련된 일을 하는 사람들은 "지금 신이 해야 할 일을 지상에서 대신하고 있다. 이러한 의식을 갖고 이 일에 종사하는 것이 매우 중요하다"(발도르프 특수교육학 강의 제2강)고 합니다.

한꺼번에 많은 일이 이루어지지 않습니다. 매일매일 기도하는 마음으로 아이들과 함께 성장한다는 생각을 갖고 한걸음 한걸음 내딛을 때 현재의 삶이 미래의 더 큰 꿈을 실현하는 기반이 될 것입니다. 슈타이너학교를 지켜봐 주시고 격려해 주시는 모든 분들께 다시한번 감사드립니다. 아울러 『캠프힐에서 보낸 편지』가 여러분의 가슴 속에도 하나의 불꽃이 되어 앞으로 우리가 만들어갈 세상의 빛이되시길 바랍니다.

양평 용천리 계곡에서

책을 내면서

2001년 9월, 세상을 떠들썩하게 했던 뉴욕 폭탄 테러가 일어난 바로 다음날 홀연히 낯선 땅 독일로 향하는 비행기에 몸을 실었던 마흔 살 아줌마의 나이가 내일 모레면 쉰을 바라봅니다.

늦깎이 유학 생활, 그것은 고통스런 도전이자 중년의 달콤한 휴식이었고, 새로운 에너지를 충전하는 시간이자, '또 다른 나를 찾는' 무모한 일탈이기도 했습니다. 힘겹고 외로웠던 기억과, 문화 충격 속에서 제 내면의 눈을 뜨게 해준 소중한 경험들을 한겨레의 블로그 '필통'에서 '발도르프 아줌마'라는 이름으로 필벗들과 나눈 글들이 한 권의 책으로 탄생하는 계기가 되었습니다.

섭 없고 너_ㄱ럽시 못한 성정 탓이었을까요? 젊은 나이에는 세상사의 순리라는 명분으로 행해지는 관행들과 곤잘 충돌을 빚기도 했습니다. 어떤 선택의 기로에 설 때면 나의 앞날을 걱정하는 주위 사람들의 우려와 나의 소신 사이에서 갈등하는 일이 적지 않았습니다. 그럴 때마다 늘 당당한 결정을 하기 위해 애썼던 것만은 지금도 잘한 일이라 여기고 있습니다.

대학 2학년을 마치고 휴학을 결심했을 때, 그리고 15년간의 교직생활을 접고 발도르프 교육을 공부하기로 결심했을 때도 그랬습니다. 특히 유학에 대해서는 가족 친지를 비롯한 주위의 반대가 만만치 않았습니다. 결국은 제가 원하는 것을 선택했고, 마침내 실행에 옮겼습니다.

그런데 이 책을 내는 일 만큼은 유독 자신이 없고 사실 많이 부끄럽고 민망합니다. 글 솜씨도 별로 없을뿐더러 대수롭지 않은 아줌마의 수다 그 이상도 이하도 아닌 것을 세상에 알리는 것 같아 몹시 주저하였습니다.

그럼에도 불구하고 제게는 이 책을 출간해야 할 분명한 이유가 있습니다. 다름 아니라 앞으로 제가 할 일에 대해 세상의 동의를 구하기 위해서입니다. 이 책에는 저와 이 책을 읽을 여러분들이 앞으로 해야 할 일이 고스란히 담겨 있습니다.

다음의 분들과 이 책을 함께 나누고 싶습니다.

첫째로, 칠 년 전의 저처럼 나이 마흔에 새로운 인생을 고민하는 여성, 아줌마들입니다. 지금 우리의 일생은 퍽 길어졌습니다. 누군가 '문명의 진보를 증거할 단서가 수명 연장'이라고 했듯이, 쉰을 바라보는 제 인생도 아직 반이나 남아 있는 셈이니까요. 장롱 속에 꼭꼭 숨겨온 이 땅 아줌마들의 꿈이 거창하지는 않더라도, 새로운 과제에 도전하기에 결코 늦지 않았다는 것을 이야기하고 싶습니다.

둘째로, 장애 아동을 위한 새로운 특수교육을 고민하는 동료, 후배 교사들과 나누고 싶습니다. 대학을 졸업하고 벅찬 감동으로 교육 현장에서 아이들과 만나다 3년쯤 지나면 찾아오는 매너리즘과 귀차니즘을 넘어, 진실로 아이들을 매일매일 새롭고 신비로운 눈으로 바로볼 수 있도록 발도르프 특수교육학의 실체를 소개하고 싶습니다.

셋째로, 시시각각 변하는 복잡한 환경에서 자녀를 키우며 자녀와 함께 성장해야 하는 과제를 지닌 부모들과 함께하고 싶습니다. 엄마의 유학길에 덩달아 나선 제 아들아이가 겪었던 세상은 그리 녹록하지만은 않았습니다. 아이들은 어른들의 불안을 읽으며, 세상은 그 부모들의 불안을 먹고 소비하는 거대한 보험회사가 되었습니다. 세상이 아무리 어렵게 변한다 해도 아이들은 어떤 어려움도 이겨낼 수 있는 힘을 지니고 있습니다. 부모가 자식을 믿고 지지하는 것이 말처럼 쉽지 않지만 우선은 자녀를 믿고 기다려주려는 느긋함이 최선이라는 것을 자녀교육에 어려움을 겪고 있는 부모님들과 나누고 싶습니다.

더불어 이 책을 통하여 우리 나라에 장애 아동을 위한 발도르프 특수학교와 장애인 공동체 캠프힐 건립이 하루빨리 실현되는 계기가 되었으면 하는 바람이 아주 큽니다.

이런 제 생각을 잘 이해하고 책의 출간을 적극 독려해준 정의로운 지미정 대표와 유미아 팀장을 비롯한 출판사 가족들에게 감사의 말씀을 전합니다.

또한 제 글을 읽고 여러 가지로 조언을 해준 동화작가이자 든든한 후배 교사 공진하, 나수현, 그리고 스코틀랜드의 뉴튼 디 캠프힐에서 책에 들어갈 사진을 직접 찍어 보내고 캠프힐 장애인들에게 동의를 구하는 일 등 온갖 궂은 일을 기쁘게 도와준 딸 같은 친구 남현미와 캠프힐 공동체 식구들에게도 고마운 마음을 전합니다.

그리고 보니 유학 생활 중 물심양면으로 도와주었던 많은 이들의 얼굴도 스쳐갑니다. 한 사람 한 사람 모두 여기에 적을 수는 없지만 참으로 고맙습니다. 제가 맘에 들어서가 아니라 앞으로 제가 할 일에 대한 심증적 지지자들이지요.

마지막으로 저의 오랜 유학 생활 뒷바라지로 할배가 다 되어버린 남편과, 엄마가 더욱 성숙한 부모로 거듭날 수 있도록 끊임없이 말썽을 일으켜준, 그러나 이제는 당당히 제 길을 찾아가기 시작한 아들 단에게 사랑한다는 말을 전하고 싶습니다.

마흔일곱 번째 맞는 가을의 눈부신 아침에
발도르프 아줌마 김은영

차례

『캠프힐에서 온 편지』 이후 5

책을 내면서 7

1부   나를 찾아서

별일 없어? 17

지구의 종말을 꿈꾸는 아침 22

장애인이 없는 '장애인의 날' 26

우산 없이 마주친 소나기 같은 아이들 31

고통, 그것은 존재의 깨우침 35

나만 쏙 빼입고 참가한 학부모회의 39

꼬마 자동차로 진입한 주류사회 44

이 아름다운 공동체를 보여주고 싶어요 47

자아를 강하게 키우는 독일어 발음 51

결혼은 구매? 56

가족 형태도 고를 수 있다면 60

생일을 자축하며 떠난 프라하 65

아줌마의 힘! 72

청소 빠지면 졸업 못해 78

인지학의 달인 '칼' 82

베네치아에서 '마주친' 가족 85

한국에서 삼십대 여성이란? 89

밀라노에서 일어난 일 92

아일랜드로 떠나는 아들 96

바지를 '똥구멍'에 걸친 힙합 전사 104

터키 햇살 아래 우리 가족 107

자기 삶을 찾아 떠나는 아들 뒤에서 112

아들아, 그동안 많이 내려왔구나, 땅으로 115

한국으로 꼭 돌아가야 할까? 120

2부 캠프힐에서 온 편지

발도르프 아줌마, 캠프힐로 가다 127

크로프트 하우스의 새 식구들 136

내가 제일 영계랍니다 139

돈은 살아가는 데 필요한 최소한의 도구일 뿐 143

우리는 이제 캠프힐 친구 146

바다를 찾아서 149

몸도 꿈도 흐려지는 날에 153

인생은 아름다울까? 156

축 부활! 160

평화로운 리듬, 캠프힐 공동체의 일상 163

나이는 상관없다니까요 166

카페테리아 운영자 회의 170

월요 댄싱 코스 174

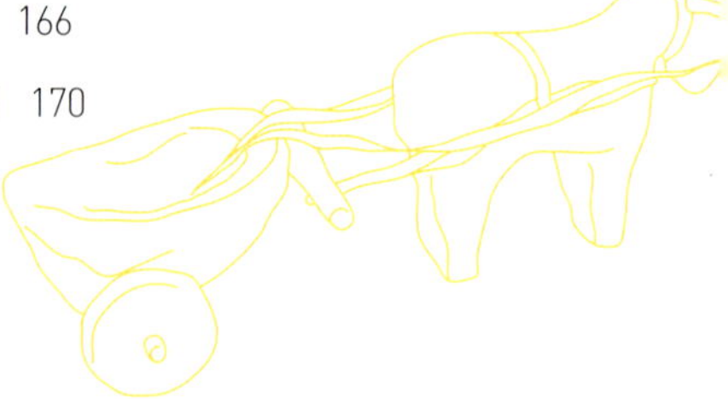

린과 피터가 알콩달콩 사는 집　177
캠프힐 반상회　182
모든 연령대를 위한 캠프힐 공동체들　187
도널드 영감님의 생일 파티　192
뉴튼 디 캠프힐의 자치회의　196
하우스 마더 되기 1　200
하우스 마더 되기 2　204
마흔다섯 살에 자전거 배우기　207

3부　인지학과 발도르프 교육

인지학과 발도르프 교육에 대하여　213
발도르프 사범대학교 소개　220
졸업, 새로운 출발　228
발도르프 학교의 유형　232
거친 바위를 오르는 아이들　242
경쟁만이 힘일까요?　247
책상에서 아이들 구출하기　254
내 사랑 발렌틴　259
자폐, 진화된 인간의 미래 모습　266
장애 아동은 왜 이 땅에 태어났을까?　271
정신의 진화를 믿는 사람들: 괴테의 식물학　276
예정된 만남　282

나를 찾아서

1부

독일 남부 보덴제에 있는 캠프힐 '브라헨로이터'의 풍경

타국에서의 첫날 밤을 보냈던 비텐 안넨 발도르프 사범대학의 신관, 독일

별일 없어?

처음 독일 땅에 내던져졌을 때의 그 느낌을 잊을 수가 없습니다. 비가 부슬부슬 내리는 낯선 이국 땅의 밤 11시. 기차가 끊어진 건 아닐지, 깜깜한 두려움에 눈을 깜빡일 수도 없었습니다. 살아가는 데 최소한이라 여겼던 짐은 내 몸무게의 두 배가 넘어 질질 끌며 간신히 막차 타고 버스 끊어져 택시 타고 학교 기숙사 언덕을 올라가는데 그 막막함이란 앞으로 펼쳐질 미래를 암시하는 듯했습니다. 그 모습은 지금도 한 장의 그림으로 남아 있습니다.

나이 사십에 새로운 언어, 그것도 생판 처음 접하는 독일어를 공부한다는 것, 정말 말처럼 쉽지 않았습니다. 유학 준비한다고 한국의 독일문화원 내의 괴테 인스티튜트에서 고작 3개월, 그것도 오전에는 장애 아이들과 학교에서 씨름하고 난 오후, 퇴근 후에 자유로를 시속 150, 160킬로미터로 달려 간신히 도착해서는 꾸벅꾸벅 졸면서 무리하게 준비했지요. 더구나 독일어 발음과 영어 발음은 다른 체계를 갖고 있더군요. 왜 한국에선 그리 잘하지 못했던 영어 발음이 자꾸 튀어나오는지, 다른 나라에서 온 유학생들은 웃고 저는 얼굴 빨개지고, 작은 실수지만 실수에 대한 두려움이 항상 나를 짓눌렀습니다. 조금만 발음이 틀리거나 문장이 완벽하지 않으면 갑자기 생각이 막히고 앞이 캄캄해졌습니다. 그러니 더 이상 진도 끝!

처음에는 무리하게 욕심내서 밤에 잠도 안 자고 공부해보았습니다. 그랬더니 다음날 아무것도 들리지 않더군요. 독일 온 지 3개월쯤 되던 어느 날, 수업 도중 보따리 싸서 집에 와버렸습니다. 비에 젖은 동네 어귀 벤치에 앉아 하늘을 바라보니 쏟아지는 것이 눈물인지, 빗물인지 세상에 갈 곳이 없었습니다.

한국으로 돌아가야 하나? 계속 공부를 해야 하나? 어찌해야 하는 건지, 능력의 한계가 거기까지인 것 같기도 하여 망연히 앉아 있다가 집에 돌아오자마자 이불 뒤집어쓰고 자고 있는데, 웬일로 남편이 전화를 했습니다. 처음에는 아무 일 없는 듯 통화를 했지요. 그러다 남편이 "별일 없어?" 하고 묻자, 갑자기

설움이 북받쳐서 울음을 터뜨렸습니다. 그렇게 반대하던 남편을 설득하여 이곳까지 왔던 자존심도 무너지고 그저 서럽기만 했지요. 남편은 힘들면 언제든 돌아오라고 하더군요. 밥은 먹여 줄 테니. 그러나 나중에 후회하지 않으려면 잘 생각하라고.

남편은 참 좋은 사람입니다. 그날부터 10시만 되면 무조건 잠자리에 들었습니다. 그 이후 공부하는 것도 많이 나아지고, 많이 자고 일어나 몸이 개운하니 수업시간에 왕성하게 활동할 수 있게 되었습니다.

그로부터 5년, 돌아보면 엊그제 독일에 온 듯 제대로 아는 것이 없는 것 같습니다. 저의 경우는 중간에 부득이 아이를 키우며 공부를 해야 했기 때문에 참 힘들었습니다. 아이를 집에 혼자 버려둘 수 없어 웬만한 모임이나 파티 등 독일 사람들과 어울릴 수 있는 자리에 자주 가지 못하는 처지를 많이 한탄하기도 했지요. 처음에는 그런 내 환경을 탓하고 그것 때문에 스트레스받고 힘들었는데, 한 해가 지나고부터 제게 필요한 목표를 바꾸었습니다. 독일어로 막힘없이 책 보는 것, 그리고 듣고 이해하는 능력, 그것만을 집중적으로 키우기로 했습니다. 물론 혼자 공부할 때에는 큰 소리로 읽으면서 하기도 하고 또 발음교정을 위해 초창기에 많은 시간과 노력을 투자해서 발음과외도 받고 그런대로 괜찮은 듯싶었습니다. 그러나 그것도 의식적으로 주의해서 발음하지 않으면 동네 편의점에서조차 뭔가를 사려고 물어봐도 알아듣지 못합니다.

발도로프 사범대학으로 올라가는 안넨 언덕길Annener Berg, 비텐 안넨, 독일

아무튼 아이 학교공부 봐주랴, 발도르프 학교 학부모로서 학교에서 봉사하고 뒤치닥거리하랴, 때때로 학점관리를 위해 발표 준비하랴, 이건 공부가 아니라 이중, 삼중의 끔찍한 노동처럼 느껴질 때가 많았습니다. 그래도 발도르프 교육을 근원지에서 공부할 수 있었다는 것만으로도 감사하고 남을 일이라 생각합니다.

그리고 사실 그동안 많은 곳을 견학하고 여행하며 의미 있는 경험을 했습니다. 1년간 발도르프 특수학교에서 장기 교생실습을 하면서 발도르프 특수교사 자격시험도 통과하고 더구나 그해에는 공짜 집(실습생을 위한 집)에 살면서 절약한 돈으로 자동차를 구입하여 모처럼 방문한 남편과 함께 독일의 속도 무제한 고속도로(모두는 아니지만)도 쌩쌩 달려 유럽 여러 나라를 여행하기도 했습니다. 할 수 있는 일에 감사하고 만족하며 사는 것이 정신건강에 좋은 것이라 생각합니다. 공부야 평생하는 것이지 몰아서 한다고 다 얻을 수 있는 건 아니라고 합리화하며 그냥 편안히 마음먹어봅니다.

그래서 저는 발전이 없는 것 같습니다만, 그래도 좋습니다. 괜히 무리해서 스트레스받고 건강을 잃고 나면 어떤 원하는 일도 할 수 없을 것이라 생각하기 때문입니다. 나이가 들면서 한국에서 들려오는 친구들의 우환 소식에 이제 몸을 돌볼 나이임을 새삼 실감합니다. 정신과 육체는 따로 분리될 수 없으니 더욱 그렇겠지요.

루돌프 슈타이너 작, 〈인간상〉.
슈타이너는 철학자, 교육학자이자 예술가였다.

지구의 종말을 꿈꾸는 아침

사춘기 들어서던 중·고등학교 그리고 대학 시절, 나이 사십의 여자는 더 이상 할 일이 없는, 더 이상 꿈도 희망도 없이 그저 죽을 날만 기다리며 세월을 허송하는 무의미한 삶을 사는 그런 사람인 줄 알았습니다.

그런데 그러한 생각을 깨는 하나의 사건이 있었지요. 제가 막 대학에 진학하던 무렵, 사촌언니였던 그분은 사십대에 모 대학의 교수로 사회적 명성을 누리며 여유 있는 생활을 누렸건만, 어느 날 가족을 이끌고 미국이라는 개척지를 찾아 그간 쌓아 올렸던 모든 것을 버리고 아이들과 함께 한국을 떠난다며 그 전에 마지막으로 한 번 보자고 했지요.

그때 저는 그 언니에게 도대체 왜 가려고 하느냐고 여쭈어 보았습니다. 언니는 웃으며 제게 말하길, '아이들에게 세상이 넓다는 거 보여주려고, 그리고 부모로서 넓은 땅에 씨를 뿌리려고 이런 결정을 하게 된 것'이라고 하였습니다. 그때 전 정말 그 언니를 이해할 수 없었습니다. 살 만큼 살았을 사십대의 여자에게 도전과 용기라는 것이 있단 말인가? 이십대의 저로서는 이십대의 삶만이 보였던 것이겠지요.

언젠가 양희은 콘서트에 갔던 기억이 납니다. 그의 주요 팬들은 사십대 아줌마들이지요. 양희은도 그때 사십대 중반이었던 것 같습니다. 동행했던 언니와 눈물, 콧물, 웃음 범벅을 하며 그녀의 콘서트에 빠져들었지요. 그녀는 파란만장한 생애를 노래와 함께 엮어내며 자신의 아버지에 대한 회상도 하더군요. '당시에는 아버지를 이해할 수 없었지만, 지금 생각해보면, 그때 아버지 나이 마흔 살, 지금 자신의 나이 사십이 되고 돌아보니 참으로 어리고 철없었던 것 같다.'고 하더군요. 우리에게 나이는 세월이 강요하다시피 주는 것이지, 절대로 내 스스로, '이 정도면 이젠 마흔 살을 먹어도 될 때야.'라고 할 수는 없지요.

나이 사십에 유학길에 오르겠다고 하니 사람들은 용기도 주고 의아해하기도 합니다. 그것도 교직이라는 철밥통을 포기하고 내린 결정이라 하니 한편 정신 나간 여자쯤으로 보는 경우도 있었습니다.

학창시절에 읽은 책 중에 서머싯 몸의 『달과 6펜스』라는 책이 있었습니다. 이 책은 시몬 드 보부아르의 『위기의 여자』와 함께 저의 생애에 큰 영향을 주었던 책입니다.

아시겠지만 『달과 6펜스』는 폴 고갱의 삶을 그린 이야기입니다. 고갱은 사십이 될 때까지 한 증권회사에서 일을 합니다. 그는 매일 아침 권태로운 일상을 시작하며 늘 자유와 변신을 꿈꿉니다. 그러던 어느 날 그는 다니던 증권회사를 그만두고 자유를 찾아 나섭니다. 아니 엄밀히 말해서 자신이 원하던 다른 삶, 원했던 일, 그림을 그리기 시작하고, 급기야는 타히티 섬에서 타히티의 여인들과 자유로운 삶을 누립니다. '자유롭다는 것은 원하는 것을 원할 수 있는 것이 아니라, 원하는 것을 행할 수 있는 것'이라는 말이 있습니다. 시인이자 철학자인 로버트 해머링이 『의지의 원자론 *Atomistik des Willens*』에서 그렇게 얘기했지요.

시몬 드 보부아르의 『위기의 여자』에서, 결혼해 20년을 살아온 남편의 외도를 뒤늦게 알게 된, 『인형의 집』의 로라 같은 삶의 여주인공은 자녀들이 모두 성장한 후 '진정한 의미의 홀로서기'를 시도하고 자기만의 생을 준비하며 독백을 합니다.

"내 앞에 놓인 저 문은 내가 스스로 열지 않으면 아무도 열어주지 않는다."

유학을 결심한 후 매일 아침 태양이 떠오르는 것이 두려웠습니다. 더구나 15년간 그렇게도 열정적으로 장애 아이들과 만날 수 있었던 교사라는 직업을 그만두어야 한다는 것이 너무나 힘들고 결정하기 어려웠습니다. 어려운 결정을 하고 나니 또 다른 이런저런 예측하지 못할 힘겨운 상황들이 복잡하게 밀려왔습니다. 눈을 뜨자마자 베란다에 나와 떠오르는 태양을 보며 큰 숨조차 쉴 수 없어 몸을 웅크리고 괴로운 탄성을 내뿜기도 했습니다. '아, 차라리 태양이 뜨지 않고 지구에 종말이 왔으면……' 하는 생각이 엄습해오는 새벽을 철저히 혼자 맞이해야 했지요. '꿈꾸며 살아온 이나, 꿈을 실현하려는 이나, 꿈을 실현한 이나, 혹은 꿈조차 꾸지 않고 사는 이나 똑같이 함께 종말을 맞이할 수 있을 텐데……' 싶었습니다.

그러던 어느 날 텔레비전에서 우연히 보게 된 고 이태영 박사의 생애에 대한 다큐멘터리는 저에게 새로운 용기를 가져다주었습니다. 그분의 삶은 우리 현대사의 격변기에 놓여 있었지만, 남편의 독립운동을 후원했고 자녀를 낳아 삯바느질로 혼자 양육하며, 끝내는 자신이 하고 싶어했던 법률공부를 위해 사십세가 되어서 미국 유학길에 올라 죽는 날까지 이 땅에서 불이익을 받는 여성들의 인권을 위해 살아온 분입니다.

저는 누워서 다큐멘터리를 보다가 어느새 정좌를 하고 화면에 몰입해 들어갔습니다. 철없던 시절에 생각했던 사십대의 아줌마, 아무 데도 쓸모없고 꿈도 희망도 없는 그런 아줌마……. 그것은 내가 어린 시절에 보았던 아줌마들의 모습으로 끝내야겠다는 생각 또한 들었습니다.

햇살을 받으며 놀고 있는 특수학교 어린이들, 브라헨로이터 발도르프 학교, 독일

장애인이 없는 '장애인의 날'

4월 20일, 매년 장애인의 날이 되면 지금 제가 서 있는 자리를 되돌아보게 됩니다.

그랬습니다.

20년 전, '장애인의 날'이 제정된 지 얼마 되지 않은 해에 88년의 서울 올림픽과 88년 장애인 올림픽 한국 개최를 앞두고 온 나라가 시끄러웠던 때였을 겁니다. 대학 4학년 때 학생의 신분으로 결혼을 하고 호구지책으로 선배와 사업을 하던 차에, 어려운 여건에서도 장애아동교육이 너무 좋아 특수교육을 전공하고 복지관에서 일하던 오랜 친구의 수차례 거듭되는 자원봉사 제안을 마지못해 받아들이고 그렇게 장애 학생들과 만났습니다. 그날 장애 학생들과 그림도 그리고 찰흙놀이도 하면서 참 신선한 느낌이 들었지만 그것이 저의 평생의 직업이 될 것이라고는 꿈에도 생각하지 못했습니다. 그런데 갑자기 그곳에서 근무 제안을 받게 되고 선배와 하던 동업관계에 어려움을 겪던 저는 그 일을 받아들이기로 했지요.

자원봉사로 부담 없이 일할 때와는 사뭇 다른 책임감의 관계로 접어드니 하루하루가 힘들었습니다. 학생들은 그 당시 특수학교를 졸업하고 갈 곳이 없어 무의미하게 집에서 벽만 쳐다보며 지내는 장애 아닌 장애인들로서, 이들을 위하여 정책적으로 운영되기 시작한 것이 정신지체복지관이었습니다. 그곳에서 저는 열다섯 명의 학생들의 직업재활을 돕는 일을 했습니다.

그해 장애인의 날, 우리 학생들을 데리고 모 방송사에서 주관하던 행사에 참여하기 위해 여의도 벌판으로 갔지요. 당시 저는 계속되는 유산에다가 건강 또한 몹시 좋지 않았고, 학부 때 특수교육을 전공하지 않아 이렇게 장애인들과 무책임하게 만나는 것이 옳은지를 생각하며 심각하게 사표를 고민하고 있던 때였지요.

기억도 생생하네요. 오전부터 비가 부슬부슬 오기 시작했습니다. 그날의 이벤트 주제는 '어깨 걸고 함께 걷기'였습니다. 담당 피디는 장애 학생들에게 모두 어깨 걸기를 시키고 그 모습을 카메라에 담으려 여념이 없었습니다. 그러나 어깨 걸기가 그렇게 쉽게 되는 것이 아니지요. 어떤 이들보다도 이들에게는 말입니다.

자폐 성향이 있거나 산만한 친구들은 카메라에 완벽한 화면을 연출하기 위한 시간이 얼마나 길게 느껴졌을까요. 그 모습을 재현하려는 주최 측과 실랑이를 벌이는 사이에 빗발이 거세지기 시작했지만 주최 측은 도무지 행사를 멈출 생각을 하지 않더군요. 장애 학생들이 그렇게 비를 맞으며 눈썹을 찡그리고 있으나 입은 웃으라고 스마일을 강요하는데, 꼭두각시처럼 이용되는 것을 제지하는 이는 아무도 없더군요.

저는 참다못해 더 이상은 아니다 싶어서 달려가 빗발이 이렇게 굵어지는데 계속 찍을 거냐며 인솔해온 학생들 데리고 돌아가겠다고 완강히 항의하자, 급기야 주최 측에서는 수습에 나서고 이 과정에서 일부 피디와 큰소리가 오가는 등 한바탕 소란을 피우고 돌아서는데 왠지 모를 서러움에 눈물이 핑 돌더군요.

그날 이후, 아니 정확히 그 사건 이후, 학생들을 데리고 돌아오는 버스 안에서 생각을 바꾸게 되었습니다. 그 일이 어떤 힘들고 어려운 일이건 이들과 내 인생을 함께해야겠다고 생각하게 되었습니다. 작은 힘이겠지만 스스로 자신의 권리를 주장할 수 없는 이들에게 힘을 보태주어야겠으며 또한 이미 이들과 나는 어떤 보이지 않는 끈으로 연결되어 있다고 확신하게 되었습니다.

비를 맞으며 오랜 시간 긴장했던 학생들은 아무것도 모르고 젖은 옷을 입고 흔들리는 버스에 몸을 맡긴 채 졸고 있었습니다. 그날도 오늘처럼 이렇게 비가 오는 날씨였습니다.

그 후 저는 특수교육을 전공한 동료들 못지않게 열심히 특수교육을 공부하기 시작했습니다. 대학원에서 특수교육을 전공하며 연구하기도 했지요. 처음에는 장애 아이들의 세계를 탐구해나가는 즐거움과 기쁨, 희열이 있었지만 시간이 흐르면 흐를수록, 공부를 하면 할수록 미궁에 빠지는 일이 한두 가지가 아니었습니다. 아이들의 개별적인 특성을 이해하려 하면 할수록 결국은 '이해할 수 없다.'는 자괴감이 생기고, 무엇인가를 시도해보고 돌아보면 그 중심에는 장애 아이들은 없고 오직 제 자신의 과열된 욕심과 자기 만족 때문이었다는 결론에 이르게 되었습니다.

세월이 흘러 외적으로는 장애인교육과 장애인에 대한 인식은 참 많이 좋아지긴 했습니다만, 최근에 한국의 후배 특수교사들과 메일을 주고받으며 알게 된 상황은 일반학교 내에 특수학급이 하나의 고립된 '섬'이라는 것, 그리고 일방적이고 획일적인 장애인 사회통합 정책의 문제가 점차 심각해지고 있다는 것이었습니다. 장애인의 사회통합이 누구를 중심으로 누구를 위하여 진행되고 있는지 매우 난감하다는 것입니다. 일반학급의 다수 아이들이 한 명의 장애 아동을 위해 희생하여 얻을 수 있는 가치가 통합이 아니듯, 언젠가는 통합된 사회에서 살아가야 하므로 일찍부터 일반 아동과 통합되어 살아야 한다는 비장애인 중심의 통합 논리의 함정에 무방비 상태가 아닌지 생각해보아야 할 것입니다.

장애가 심하면 일반교사들이 장애 아이들의 통합을 꺼린다며 하소연을 합니다. 그런데 말입니다. 특수학교 내에서도 장애가 심하다는 이유로 일부 교사들은 서로 심한 장애 아이들을 맡지 않으려 합니다. 누굴 탓할 수 있겠습니까.

그리고 더 큰 교육적 틀에서 보면 일반학교에서 공부 잘하는 아이들 몇 빼고 모두 묻어가는 게 현실 아닌가요? 왜 인간을 이렇게 줄 세우는 건지, 인간은 저마다 워낙 귀한 존재이기 때문에 그 귀함이 어떤 일정한 기준으로 차별되면 안 되는 건데. 이건 정말 아닌데 말입니다.

타향에서 맞이하는 장애인의 날, 20년 전 이날 저의 생애에서 장애 아이들과 진한 인연의 끈을 발견한 날이었습니다.

발도르프 학교 학생들의 학급여행(암벽 타기), 반즈벡, 독일 함부르크

우산 없이 마주친 소나기 같은 아이들

무엇이 저를 낯선 땅 '독일'로 내몰았을까요. 장애 아동을 가르치는 특수교사로 일할 당시 경험했던 우리 교육의 제도적인 문제, 교육현장의 구조적인 문제가 저를 이곳까지 오게 했다고 이유를 대거나 비판할 생각은 더 이상 없습니다. 그건 너무나 당연하기 때문이지요. 오히려 그것보다도 나이 마흔에 유학을 결심한 그 당시 저는 아주 단순하게 '좋은 교사'가 되고 싶었으니 말입니다. 좋은 교사가 되어 아이들에게 제대로 된 교육을 하고 싶었을 뿐이었습니다.

한참 대안교육 운동이 태동하던 1990년 중반에서 말기, 우리의 교육현장에 새로운 바람이 불기 시작했지요. 그때쯤 현장에서 일하는 특수교사 모임이 있었습니다. 그 모임을 통해서 여러 대안교육의 형태 중 하나인 '발도르프 교육'에 대한 소개 글을 함께 읽고 토의하기로 했습니다. 가사와 직장 일을 함께하는 아줌마 교사가 열과 성을 다해 텍스트를 읽을 수 있는 기회는 이동 중에 전철에서 한번쯤 훑어보는 것이 고작이었습니다. 그날도 졸다 깨다 발도르프 교육에 관한 텍스트를 읽어가다가 저의 동공은 점점 더 커지고 가슴은 부풀어 올랐고 급기야 무릎을 탁 치며 '바로 이거야' 마음속으로 크게 외쳤습니다.

루돌프 슈타이너는 수업 중에 아이들이 일으키는 다양한 상황에 빗대어 '우산 없이 외출했다 소나기를 맞는 일'이라고 했습니다. 그날의 충격은 정말 잊을 수가 없습니다. 제가 꿈꾸던 교육이 세계 어느 나라 어느 곳에선가 이미 행해지고 있다고 생각하니 그것을 보고 싶어 견딜 수가 없었습니다.

때마침 모 교육 월간지에서 교사들을 모아 1개월간 인지학(루돌프 슈타이너가 창안한 정신과학, 213쪽 참조) 본부가 있는 스위스의 도르나흐에 가서 연수할 연수생을 모집한다는 기사를 읽고 신청서를 내고 설레는 마음으로 스위스를 향해 날아갔습니다.

시차 적응하랴 알아들을 수 없는 언어에 난감해할 겨를도 없이 새벽에 일어나 기차 타고 견학하는 학교에 도착해도 여전히 깜깜했습니다. 동녘에 서서히 해가 떠오르면 아이들은 자리에서 일어나 아침을 여는 시를 낭송하고 리코더를 불며 하루의 일과를 시작합니다. 모든 것이 생소하고 낯설었지만 왠지 힘이 느껴지는 생동감 있는 모습에 피곤한 줄도 모르고 한 달간 그곳 생활에 빠져들었습니다.

그리고 한국으로 돌아와 배운 것을 열심히 학급에서 재현해봤습니다. 단순한 현악기로 아이들에게 노래를 들려주고, 잘 안 되지만 시를 함께 주거니 받거니 외우기도 하고 대략 1년 정도 발도르프 교육현장의 흉내를 내며 지냈습니다.

1년이 지나자 약 기운이 다 되었는지 뭔가 제대로 알고 싶은 욕심이 생기기 시작했습니다. 나무에 열린 과일을 따먹다 말 것이 아니라 나무를 심고 가꾸고 꽃을 피우고 열매를 맺게 하고 싶었습니다. 아이들의 본질을 이해하고, 더 나아가 인간의 본질을 더 알아가고 싶은 충동과 함께 세상을 더욱 알아가고 싶은 깊은 열망이 느껴졌습니다.

그러나 유학은 누구나 생각하기에 대학을 졸업하고, 혹은 대학원을 졸업하고 젊은 나이에 가는 것이지 저처럼 오랫동안 교직에 있으면서 교직의 단맛, 신맛, 쓴맛을 그럭저럭 경험한, 머리는 점점 굳어지고, 생각은 늘 그 자리에서 맴맴 도는 중년의 아줌마에게는 전혀 어울리지 않는 그런 도전이었지요. 그러나 이번이 생애의 마지막 기회가 될 것 같은 압박감이 몰려왔습니다. 많은 우여곡절 끝에 떠난 독일 유학생활 5년간 많은 것을 체험했습니다.

방학이면 간간이 아르바이트 한 돈을 모아 독일뿐 아니라 프랑스를 비롯한 많은 나라를 여행하며 나의 삶과 인식의 공간을 넓혀갔으며 오히려 유럽의 여러 나라를 여행할 때, 그리고 독일에서 공부를 하면서 내 자신이 우리 것에 대하여 그동안 얼마나 무지했으며 제대로 확실히 아는 것이 많지 않았음을 절실히 깨달았던 시간이었습니다.

다시 말해서 진실로 나 자신과 내 조국을 돌아보는 소중한 시간이었답니다. 그러면서 내 것을, 우리 것을 바로 알고 다른 것을 받아들일 수 있는 자세와 다른 문화를 비판과 편견으로 배척하지 않고 열린 자세로 이해하고 수용하는 긍정적인 세계관을 갖게 되었습니다.

사실 앞으로 제가 해야 할 장애 아동을 위한 발도르프 특수학교를 설립하고 가르치는 일은 보수적인 국수주의자들에게 비난의 대상이 될 수 있습니다. 남의 나라에서 시작된 교육, 남의 것을 우리 나라에 들여와서 그저 모방하기에 급급한 것이 아니냐를 비롯해서 염려가 우려를 낳고 결국 반대에 부딪칠 수도 있을 것입니다. 그러나 저는 나름대로 확신할 수 있는 것이 있습니다. 인간이 스스로 참된 마음을 갖고 '공동의 선'을 추구하려 한다면 그 진실이 드러날 것이라는 것을 말입니다.

누구도 저를 낯선 땅 독일로 몰지 않았습니다. 그것은 철저히 제 자신의 갈등과 고민의 결과에서 비롯된 '탁월한 선택'이었습니다.

비텐 안넨 발도르프 사범대학의 카페테리아 입구, 독일

고통, 그것은 존재의 깨우침

한국은 얼마 전에 꽃샘추위로 온 꽃들이 몸살을 앓았다는 소식이 있었는데, 이곳 독일은 오늘 아침에 눈을 떠보니 밝은 햇님 대신에 눈발이 휘날리는 광경이 장관입니다. 꽃들은 얼마나 몸서리를 칠까. 정말 황당하겠다 싶어집니다. 제가 특별히 예뻐하는 민들레는 또 얼마나 움츠리게 될까요. 그래도 그 끈질긴 생명력으로 굳건히 버티어서 결국 더욱 진노란 민들레로 불타오르겠지요.

우리 인생도 그런 것 같습니다. 모진 시련 끝에 더욱 강인한

비텐 안넨 발도르프 사범대학 내의 야외 감각체험 구역, 독일

생명의 씨앗이 여물 듯 고통과 방황 없이는 어느 것도 얻어지는 것이 없는 듯합니다.

슈타이너는 인간에게는 오감뿐 아니라 열두 개의 감각이 있다고 하며, 이와 관련하여 정신세계에 대한 강연을 했습니다. 12감각은 다음과 같습니다.

하위감각(신체감각): 촉각, 생명감각, 고유운동감각, 균형감각
중위감각(영혼감각): 시각, 미각, 후각, 열감각
상위감각: 청각, 언어감각, 사고감각, 자아감각

'생명감각'은 하위감각 영역의 두 번째입니다. 우리 몸에 이상이 있으면 적신호가 오게 되는데 그것을 일컬어 '고통'이라 하지요. 갈증이 나고, 배가 고플 때, 너무 많이 먹어 배가 불러 고통을 느끼는 것 모두 '생명감각'의 역할이랍니다. '배가 불러 죽겠다.'고 하지만 사실 그것은 부른 배가 나에게 고통을 주는 것이 아니고 바로 나 자신이 소화기관을 혹사한 결과입니다. 즉 이러한 고통스러운 상황이 다시 일어나는 것을 막기 위해 고쳐야 할 주체는 바로 나 자신이지요. 우리의 의식은 이런 과정을 거치면서 변화하고 발전합니다. 생명감각으로 인해 우리의 의식이 변화하고 또한 고양될 수 있다는 것은 깊은 의미를 내포하고 있다고 합니다.

독일의 낭만주의 시인 노발리스는 고통을 이렇게 말합니다.

고통을 감당할 수 있다는 것에 대해 자부심을 가져야 합니다. 어떠한 형태이든, 고통은 인간으로 하여금 스스로가 고귀한 존재임을 깨닫게 하기 때문입니다.

괴테 또한 "인간은 노력하는 한 고통 속에서 방황한다."고 말했습니다. 제가 독일에 도착한 첫날, 학교에서 손님방을 관리하던 친구가 밤 12시가 넘어 도착한 나를 마중나왔는데 학교 카페테리아에 앉아 차를 권하면서 이 말을 인용하며 지친 저를 위로했습니다. 이러한 고통은 앞으로도 계속될 것이지만 그것은 인간의 존재 의미이며 노력하고 있다는 것은 매우 자긍할 만한 일이라고 말입니다.

우리가 건강할 때는 당연히 생명감각의 존재를 의식하지 못하겠지요. 만약 우리 인간이 고통을 느끼지 못한다면 제대로 성숙할 수가 없을 것입니다. 통증은 우리 영혼의 가장 깊은 곳까지 영향을 미치기 때문입니다. 아픔의 경험은 우리의 삶에 방향을 제시하는 역할을 합니다. 사랑에 빠졌던 남녀가 서로 이별의 아픔을 통해서 다음에는 더욱 성숙한 사랑을 할 수 있는 것도 이별의 아픔과 고통을 통해서 배울 수 있기 때문이지요. 그렇기 때문에 크고 작은 고통의 체험은 우리의 삶에 소중한 의미를 줍니다. 무엇인가 배우려고 애를 쓰고 노력할 때도 일종의 고통을 느끼기 마련입니다. 따라서 생명감각은 우리 인간의 고귀한 존엄성이 머물고 있는 영혼의 문을 여는 열쇠입니다. 그러나 우리가 이러한 삶의 고통에 직면하지 않고 가급적 피해려고 할 때 우리의 생명감각이 보내는 신호인 고통의 소리는 듣지 못할 것입니다. 즉 우리의 양심은 마비되는 것이지요.
(알베르트 슈즈만Albert Soesman, 『영혼을 깨우는 12감각』에서)

고통은 나 자신이 좀 더 자유롭게 세상을 향하여 나아간다는 것을 말해주는 것이겠지요. 그 자유의 세상은 내 안에 있으므로 오늘도 자신을 달구며 위로하며 그렇게 살고자 노력하렵니다.

학부모회의에서 꽃다발을 받고 있는 프랑스어 교사, 블로테포겔 발도르프 학교, 독일 비텐 안넨

나만 쏙 빼입고 참가한 학부모회의

새벽 6시에 일어나 서둘러 학교 갈 준비해서 간단히 빵 한 조각 챙겨서 도착하니 7시. 오전에는 담임교사과정 수업입니다.

첫 시간은 인류학, 두 번째 시간은 형태 그리기, 세 번째는 지리학 …… 점심 먹고 오후에는 특수교육 전공자만을 위한 특수교육과정과 특수교육을 전공하면 반드시 들어야 하는 의학과정이 시작되고 모든 일과가 끝나니 6시 반입니다.

서둘러 집에 돌아와 간단히 다시 빵으로 식사를 때우고 아들아이 학교에서 저녁 8시부터 시작되는 학부모회의에 참여해야 합니다.

제 아이는 9학년인데(우리 나라로 치면 중학교 3학년) 부모회의가 있는 날이면 부모들이 거의 모두 참여합니다. 우리 나라에서는 초등학생의 경우만 부모들이 수시로 학교에 드나들고, 아이가 고학년이 되면 담임선생님의 호출로 학교를 찾는 경우가 대부분이지요. 발도르프 학교에서는 졸업 때까지 이루어지는 학부모회의를 매우 중요하게 생각합니다. 교사와 부모가 함께 학교 운영의 주체자로서 모든 문제를 공유해야 한다는 원칙에 동의한 탓이지요. 그래서 부부가 이혼한 경우라도 부모회의 시간에는 꼭 함께 참여합니다. 우리와는 사뭇 다른 부부, 부모 자식의 관계를 보여주지요. 이혼하고 새로 배우자를 만나도 함께 참석합니다. 처음에는 제가 괜히 민망했습니다. 어떻게 그들을 대할까. 그러나 그들은 아무런 거리낌 없이 상대의 새 배우자에게 악수를 청하고 학급비를 낼 때에는 돈을 꾸어달라는 등 과거의 감정에 집착하지 않고 산뜻한 관계를 보여주더군요.

전체 부모회의에서는 담임이 한 에포크Epoche(주기 집중수업. 발도르프 학교에서 시간표를 매일 바꾸지 않고 국어, 수학, 과학, 역사 등을 약 한 달 동안 집중적으로 배우는 과정)를 마치며 수업을 어떻게 진행했고, 학생들의 반응은 어떠했으며, 그 결과는 어떠했는지 부모들에게 보고하는 시간을 갖습니다. 이때 교과담당 교사를 초대해서 아이들과의 생활을 들어보기도 합니다. 더불어 학급 운영에 관한 전반적인 협의와 행사 때 부모가 어떻게 실무적으로 참여할지, 학교 전반적인 운영뿐 아니라 피사 스튜디오, 즉 피사 연구 결과에 대한 토의와 함께 아이들의 진로를 위한 교육정책의 변화에 관한 토의까지 아주 작은 일부터 큰 흐름에 이르기까지 격없이 터놓고 이야기합니다.

처음 학부모회의에 참석할 때 아이는 저에게 예쁜 옷을 입고 가라고 하더군요. 뭔가 잘 보이고 싶어하는 맘이 있었겠지요. 그래서 나름 한 벌 준비해간 정장을 입고 갔답니다. 그런데 웬걸요. 청바지에 티셔츠, 신발도 가지가지인지라 모두들 부엌에서 막 뛰쳐나온 듯한 모습으로 다닥다닥 붙어 앉아 있더군요. 저녁 8시라 아빠들도 퇴근을 한 시간이어서 부부가 함께 온 가정, 아빠만 온 가정, 엄마만 온 가정, 모두들 자녀 교육에 열정을 갖고 모여든 사람들이었습니다.

10시 반, 회의 끝나고 집에 돌아오는 길에 밤하늘을 보니 슬픈 초승달이 나무에 걸려 있습니다. 이곳에서 보는 달은 유난히 더 차갑고 싸늘하게 느껴집니다. '고향에는 곧 아침 해가 뜨겠지. 일곱 시간 동안 잠자며 기다리면 친구들이 봤던 그 태양이 나를 찾아오겠지.'

오늘은 참으로 긴 하루였습니다.

반즈벡Wandsbek 루돌프 슈타이너 학교 전경, 독일 함부르크

독일 생활의 발이 되어준 1200cc 르노 투빙고

꼬마 자동차로 진입한 주류사회

주말이 되자 그동안 두문불출하고 책상에 앉아 공부하는 척 앉아 있어서였는지 온몸이 쑤십니다. 오른쪽 허리가 아파 병원에 가니 너무 오랜 시간 책상에 앉아 있어 생긴 근육 문제라며 수영을 해보라고 합니다. 정말 몸을 좀 움직여야겠다 싶어서 밤 11시까지 하는 사우나, 수영장을 찾았습니다.

그곳은 남녀 혼용 사우나가 있는 곳입니다. 남녀 혼용 사우나는 일본에도 있다고 들었습니다만, 저는 지금까지 가보지 못했구요. 독일에 와서 첫해 겨울에 한국에서 즐겼던 사우나, 찜질

방 생각이 얼마나 간절하던지요. 독일 친구들에게 물어보니 제가 사는 곳에서 30분 정도 거리에 사우나와 수영장이 있다고 합니다. 버스 연결이 좋지 않아(밤늦은 시간에는 버스가 뜸하게 다닌다.) 자동차가 있어야만 갈 수 있는 장소라 여겨져 실망하고 포기했습니다.

그러다 작년, 우연한 기회에 공짜 집에 살면서 실습하는 동안 아이를 통학시켜야 할 사정이 되어서 작은 투빙고 자동차를 구입하고 드디어 독일의 주류사회(?)에 진입을 했습니다. 1200cc짜리 프랑스제 중고차였지만 방학 때는 가족이 이 차로 아우토반을 달려 파리까지 다녀오기도 했습니다. 사실 유학생 신분에 자동차를 운행한다는 것이 사치라 보입니다. 특히나 독일은 학비가 없어 영어권 나라로 유학 가는 학생들에 비하면 가난한 학생들이 선택하는 나라이다 보니, 공부에 대한 열의만 있는 대부분 가난한 학생들이라 자가용을 지니고 유학생활을 하는 건 사치처럼 여겨집니다.

어쨌든 자동차가 있다는 이유로 저는 가끔 온몸이 쑤시면 30년 전에 간호사로 독일에 왔던 같은 학교의 오이리트미스트(229쪽 참조) 아줌마랑 함께 사우나 수영장을 찾습니다. 두 시간에 약 7,000원 정도의 돈을 주고 한 시간 수영, 한 시간 사우나를 하면 조금 아쉬움이 있지만 적절한 시간이라 생각됩니다.

처음에는 동양 여자라서 그런지 가끔 힐끗거리는 시선이 느껴졌으나 횟수를 거듭할수록 그런 시선에 대한 부담은 거의 없어졌지요. 저는 그곳에서 타향살이의 스트레스에 뭉쳐진 딱딱한 어깨를 맘껏 풀고 평상심을 되찾게 됩니다.

자동차가 있으니 가고 싶은 곳을 마음대로 갈 수 있어 또한 더 넓은 세상을 경험하게 됩니다. 다른 지방에서 열리는 세미나, 모임, 실습, 견학 등은 물론이고 특히나 속도 무제한의 고속도로를 달리는 그 쾌감이란 이루 말로 표현할 수 없지요.

한편으로 걷기 싫어하는 고질병이 도지고 있어 반성도 합니다. 자동차가 있기 전에는 집에서 학교까지 비가 오나 눈이 오나 정해진 시간에 집을 나서서 하루에 20분 이상 언덕을 걸어 올라갔지만 실습을 마치고 아무리 노력해도 더 이상 걷게 되지 않습니다. 조금 시간이 늦으면 늦었다는 평계로 어느새 핸들을 잡고 있고, 임신한 친구가 도움을 청하면 잘 됐구나 싶어 그 친구 평계를 대고 자동차를 몰고 학교를 갑니다. 그래도 자동차가 있으니 이사도 쉽게 하고 일주일치 시장을 보면 홀가분하게 자동차에 싣고 올 수 있어 무거운 짐을 들고 부들부들 팔을 떨었던 기억을 하면 어찌나 감사한지요.

나이 들어 새로운 세계를 경험하는 것, 두려움과 기대감이 팽팽하게 공존하는 것이 정말 재미있고 신나게 느껴집니다. 이렇게 노는 것도 내일이면 끝이네요. 월요일부터 개학이니 또 열심히 공부해야 하겠지요.

장애인 성인 공동체 크리스토퍼라우스 하임의 체리하우스와 정원, 독일 비텐 안넨

이 아름다운 공동체를 보여주고 싶어요

지난주는 우울 주기였던지 일도 손에 잡히지 않고 책을 읽어도 도무지 머리에 들어오지 않고, 의욕도 없었습니다. 토론수업 때에도 괜히 제가 독일어로 표현을 잘 못해서 무시당하는 것 같기도 하고, 이런저런 일들로 불편한 심기로 지냈답니다. 그랬더니 사고의 연속이 한 번 더 저를 움츠러들게 합니다.

역시 사람은 긍정적이고 밝은 생각을 갖고 살아야겠구나 싶었습니다. 기분 전환이 필요하던 차에, 5월 1일이면 곳곳에서 '마이페스트Maifest'라 하여 큰 축제가 열리는데 그 중 한 곳에

가기로 했습니다. 제가 사는 곳에서 도보로 10분 거리에 인지학적인 바탕을 갖고 설립된 아름다운 장애인 공동체가 있답니다. 우연히 실습 나간 학교의 담임선생님이 한국인이 있다고 하여 소개해줬는데, 30년 전 이곳 독일에 간호사로 오셨던 분으로 아들이 장애를 갖고 있는 관계로 사회복지사 공부를 하고 지금 이 장애인 공동체의 한 하우스의 책임관리자로 일하고 계시더군요. 한국 이름은 '영화'인데 가족들은 "Youngwa"라고 부릅니다.

성인 공동체에 관심이 있어 일주일에 한 번 주말에 이곳에 봉사를 나가기로 약속하고 드나들었습니다. 가만히 보니 그분의 인기는 이곳에서 최고더군요. 조금도 쉬지 않고 일하는 작고 다부진 그분은 자신이 속한 공동체가 마치 자신을 위해 존재하는 듯 물불을 가리지 않고 일합니다. 최근에 시작한 아름다운 일 하나를 소개합니다.

공동체 앞쪽 벌판에 버려진 땅이 있었습니다. 그분은 회의 때 그곳을 개간하여 꽃을 심어서 이곳을 오가는 사람들이 마음대로 꺾어가고 그곳에 꽃값을 넣는 '모금함'을 만들자고 제안했다고 합니다. 그러나 모든 직원들은 왜 사서 고생하고 귀찮은 일을 만드냐며 그분에게 핀잔을 주었다고 합니다. 그러나 그렇게 물러설 그분이 아니었지요. 그분은 혼자서 밭을 일구고 꽃씨를 심고 모종을 옮겨 심어 드디어 여름이 되자 버려진 벌판이 온갖 꽃들과 과일나무로 화려한 변신을 한 겁니다. 가족들이 모두 휴가를 간 사이에 꽃밭을 잠시 관리해달라는 부탁을 받고 간

체리하우스의 이모저모. 한 하우스에 보통 열 명 정도가 거주한다.
1 체리하우스의 식탁
2 주방
3 낮에는 모두 일터에서 일하고 저녁 시간과 주말을 함께 보내는 거실
4 내적 고요가 필요할 때 이용하는 공동체 기도실

저는 그곳에서 블루베리를 잔뜩 따갖고 왔습니다. 그곳을 오가는 사람들은 꽃밭 중간에 놓여 있는 벤치에 앉아 한 여름의 정취를 즐기고 돌아갑니다.

그분의 적극성에 부모들도 감동하여 그분의 말이라면 어떤 말이라도 신뢰하며 지지하게 되었더군요. 덕분에 부유한 부모들의 후원도 많이 유치한다고 합니다.

무엇보다 이곳은 루돌프 슈타이너의 '인지학'이라는 철학을 바탕으로 설립되어 운영되는 곳이기 때문에 일반적인 장애인 시설과는 매우 다른 분위기랍니다. '만일 한국에 이런 장애인 시설이 있다면 장애 아이를 양육하는 부

모님들께서 근심 걱정 없이 오직 자신들의 못다한 행복만을 추구하며 잘 살 수 있을 텐데…….'라는 아쉬움을 갖고 드나들고 있었지요. 한국에서 방문객이 오면 마다하지 않고 초대하여 직접 만든 도넛을 시식해볼 기회도 주신답니다.

아무튼 그곳에 갔다 오면 우울한 마음이 사라지고 새로운 희망이 솟구치는 것 같습니다. 그래서 기분 핑계 대고 그곳에서 열렸던 마이페스트에 참석하였습니다. 모처럼 구름 한 점 없는 화창한 날씨에 민들레 홀씨 어우러져 이곳저곳 날아다니고 한쪽 구석에는 구수한 소시지 굽는 냄새, 감자전 부치는 냄새와 커피향 그윽한 봄날에 카스타니아 나무 아래 벤치에 앉아 행복한 사람들의 얼굴을 보고 있노라니 이곳이 바로 천국이겠다 싶었습니다. 사람들의 얼굴에서 하늘나라를 볼 수 있었습니다.

이곳은 설립된 지 30년이 되었답니다. 알게 모르게 땀 흘리며 애쓰고 수고했을 많은 사람들의 희생 덕분에 오늘날 이곳이 이렇게 아름다운 공동체가 되었겠지요. 공부 마치고 한국에 돌아가 시작할 일을 머릿속에 또 그려봅니다.

'아름다운 장애인 공동체.' 그곳에는 장애인과 비장애인의 구분이 없는 그저 아름다운 사람들이 함께 각자의 삶을 열심히 살아가는 곳이 될 것입니다.

제가 나이가 많아 생전에 이루지 못하면 함께했던 젊은 친구들이 또 그 일을 계속 하겠지요. 아름다운 이 공동체를 한국에 계신 분들께도 언젠가 가까이서 보여드리고 싶었습니다.

뒤셀도르프의 시립미술관 야외전시장, 독일

자아를 강하게 키우는 독일어 발음

독일에 와서 제일 많이 경험하는 것 중 하나가 홀로서기인 것 같습니다. 그것은 단순히 경제적인 독립을 말하는 것이 아니리 정신적 독립을 포함하는 것이지요. 루돌프 슈타이너의 말처럼 '내가 바로 서야 다른 사람들을 받아들일 수 있다는 것'이 말처럼 쉽지 않습니다.

외국어를 배우다 알게 되었는데 제가 40년간 사용해온 우리 말에는 어찌된 일인지 인간의 '자아'를 향상시켜주는 발음이 없더군요.

자아를 확립시켜주는 발음으로는 독일어의 'W'(베: 윗니를 아랫입술에 살짝 얹어서 내는 소리), 'V'(파우: 마찬가지로 윗니를 아랫입술에 살짝 대고 불며 내는 소리), 'F'(프~: 이 소리도 윗니를 아랫입술에 얹어 바람 소리를 내듯 발음하는 소리), 그리고 'ch'(흐~: 입을 약간 벌리고 입천장에서 탄식하듯 뿜어내는 소리)랍니다. 영어에도 다른 소리는 없고 오직 'F' 소리만 같다고 합니다.

그런데 상대적으로 우리 말의 발음에는 '응, 잉, 영' 등의 'ing' 콧소리가 많습니다. 이런 발음은 감정을 발달시켜주는 발음이라고 하더군요. 이러한 소리를 많이 갖고 있는 민족은 소위 말해서 '공동체 감정', 즉 '집단 감정'이 발달되었다는 것입니다. 그러니까 '나'보다는 '우리'로 대표되는 집단을 드러내며 그 속에는 홀로 선 '나'가 없다는 것입니다.

'나'를 앞세우면 집단은 여지없이 무너지는 것으로 이해하는 것은 오해입니다. 개별적인 '나'가 개인주의나 이기심이 아닌 진정한 '나'를 인식하고 세상에 서 있으면 공동선을 추구하는 '자아'로서의 '나'는 진정으로 건강한 공동체의 일원으로 존재할 수 있다는 것이지요.

2002년 월드컵 때 우리 나라 사람들의 응원 열풍은 이곳 독일에서도 엄청난 화제였습니다. 매일 아침 뉴스에 광화문 네거리를 시뻘겋게 물들인 인파를 한참 동안 비쳐주며 뜨거운 열정을 소개하기도 했습니다. 그러면서 한편으로 "어떻게 저렇게 거대한 집단이 한 마음으로 연일 뭉칠 수 있을까?" 하며 많은 매체

2007년 독일 월드컵 때 독일에 와서 응원했던 한국 응원단, 독일 하노버 스타디움

에서 특이한 현상으로 보도를 했지요.

독일에 있는 동안 친척, 지인들이 여행 삼아 많이 방문합니다. 그런데 가끔 혼자서 오는 여행객들을 보면 이곳에서 지내는 것을 몹시 힘들어합니다. 혼자서는 여행의 묘미는커녕 거의 고문 수준으로 여행을 다닙니다. 여행 중에 우리 집에 오면 더 이상 여행할 생각을 하지 않고 아침에 갔다가 저녁에 돌아오는 여행을 계획합니다. 이유는 혼자만의 외로움과 고독을 견디지 못하기 때문이지요. 사실 함께하는 여행도 좋지만, 여행의 묘미는 혼자 길을 떠나 여정에서 새로운 것, 새로운 사람들과 만나고 무장 해제된 자신과 깊은 대화를 하며 여행에 완전히 침잠하는 시간의 가치를 깨닫는 것이 아닐까 합니다.

다시 얘기를 돌려서, 이곳에는 한국 유학생들이 갑자기 늘어났습니다. 제가 왔을 때만 해도 단 두 명이었는데, 어느새 열두 명이 되었습니다. 그만큼 한국에서 발도르프 교육에 관심이 많아졌다는 것을 반영하는 것이기도 하고, 그러다 보니 한국 사람들 특유의 뭉치고, 흩어져 욕하는 모습이 눈에 보입니다. 폭넓은 인간관계가 제한된 데다가 유학생들 간의 편협한 관계이다 보니 그럴 수도 있겠다 싶습니다. 그런데 저는 그들 가운데 욕먹는 사람 중 하나인 것 같습니다. 모임에 잘 나가지 않고, 또 함께하는 데 별로 관심이 없기 때문일 것입니다. 그렇다고 제가 친한 한국인이 없는 것은 아닙니다. 한국에서 산다고 해도 모든 한국 사람들과 친한 것은 아니잖습니까.

뭔가 부탁을 받았을 때 처음에는 '거절'하는 것이 쉽지 않아서 내키지 않아 속상해하면서도 그냥 들어주곤 했지요. 그러나 날이 갈수록 저의 개인적인 시간은 고려하지 않고 도움을 청합니다. 오죽하면 저에게까지 부탁하겠나 싶기는 하지만, 봉사하는 유학생으로 살기에는 저의 처지가 좀 딱하잖아요. 그러다 보니 거절하는 것이 쉽지가 않습니다. 거절하고 나면 늘 마음이 몹시 상합니다. '아, 살면서 적절히 거절하는 것도 배워야 하는구나.' 생각하게 되었습니다. 내가 할 수 있을 때는 기꺼이 기쁜 마음으로 도움을 주고, 그렇지 못할 때는 'Nein(No)'이라고 해야 하며 그렇게 거절하고 나서도 마음의 앙금이 없도록 하는 연습을 해야겠구나 싶어 마음을 다잡아봅니다.

그러나 계속되는 부탁 앞에 참 난감한 때가 있습니다. 오늘도 막 공부에 열이 올라 잘 되고 있는데 누군가의 전화를 받고 한 시간 정도 물건 사는 것 거들고 운전해서 집까지 데려다주었습니다.

저는 아무래도 좀 모자라는 것 같습니다. 자신을 바로 세운다는 것, 먼저 자기 자신을 바로 세우고 다른 사람을 받아들이는 것은 작은 것에서 시작되지만, 내가 불만을 가지면서 상대에게 끌려다니는 것은 큰 의미에서도 좋은 결정이 아닌 것 같습니다. 언제나 거절하는 것을 제대로 배울 수 있을까. 아무래도 쉽지 않을 것 같습니다.

이렇게 바로세워야 할 '자아'는 어디에 있을까요? 바로 나 자신의 내면에도 있고 나의 밖에도 있답니다. 학교에서 선생님이 '누가 대답할래?' 하면 아이들은 '저요! 저요!' 하며 손을 치켜듭니다. 그리고 '누가 했니?'라고 물으면 '제가요!' 하며 손가락으로 자신의 가슴을 가리킵니다. 이렇듯 자아는 자신의 내면에, 그리고 내 밖에 있다고 합니다. 내 안의 자아는 다른 사람을 느끼는 '자아'이고, 내 밖의 자아는 내 내면의 자아를 보다 높은 차원으로 이끄는 또 다른 세계의 '나'라고 합니다.

여하튼, 매일매일 오늘 나의 '자아'는 올바로 서 있었는지, 삐딱하게 서 있었는지, 혹시 상처를 입지는 않았는지 돌이켜 생각해보아야 할 것 같습니다.

결혼은 구매?

결혼한 지 20년이 되는 날을 남편 없이 타향에서 맞이했습니다. 결혼의 정체는 과연 무엇일까를 잠시 생각해봅니다. 성인 남녀가 만나서 한 가정을 이루는 행사, 의식, 혹은 보장된 성생활 등 아주 물리적인 개념일 것입니다.

에리히 프롬에 의하면 결혼이란 일종의 물건을 구매하는 과정이라고 합니다. 물건을 구입할 때 A라는 물건이 내가 사려는 것인데, 그것이 가치도 있고 조금 싼 것 같다는 느낌, 그래서 얼마간의 이익을 볼 수 있겠다 싶으면 구입하게 된다는 것입니다. 배우자를 선택하는 것도 마찬가지라는 것이죠. 그것은 남자든 여자든 외부적인 조건, 즉 각자의 사회적 상황과 금전적 상황, 그리고 학력, 외모 등과 관련지어서 그렇다는 것입니다. 사실 저는 어느 정도 프롬의 결혼관에 동의합니다.

저는 상업고등학교를 졸업하고 은행원으로 취직했습니다. 지금은 상황이 달라졌지만 그 당시 남자들에게 은행원이라는 직업은 왠지 좋은 이미지가 아니었습니다. 제가 배우자를 선택할 수 있는 남자의 폭은 잘하면 대학을 나온 은행원, 그렇지 않으면 같은 상업학교를 나온 동기생들이 전부였지요. 이렇게 말하면 그 안에는 사랑이 있으니, 조건이란 상관없다는 식으로 말할 사람들도 있을 것입니다.

저는 제가 진심으로 하고 싶은 일이 있기도 했고, 자신의 상품가치를 높이고 또 앞으로 제가 선택할 배우자의 수준 또한 고려해서 열심히 주경야독을 하여 대학에 진학했습니다. 자그마치 대학시험을 세 번이나 봤지요. 삼수를 할 때까지 은행 동기생들이 주말이면 하는 그 흔한 미팅 한 번 하지 않았고, 옆도 보지 않고 오직 대학입시를 위하여 공부했습니다.

그렇게 해서 저는 미술대학에 입학했고 그 속에서 저와 다른 다양한 세상과 새로운 사람들을 만났습니다. 미술대학이라 그런지 잘 사는 집안의 친구들도 많았습니다. 그러나 그들이 나에게 호감을 갖고 데이트라는 것을 신청해오면 상대가 왜 그리 어리고 수준이 안 맞는지, 참 불편했습니다. 그 당시에 택시를 대절해서(자가용이 흔하지 않은 시절이었다.) 데이트라는 것을 하고, 우아한 레스토랑에 가서 음식 먹고 해도 왠지 불편하고, 제자리가 아닌 것 같고, 정말 견딜 수 없어 그런 친구들이랑 몇 번 만나지 못하고 결국 헤어지곤 했습니다.

그 후에 3학년 때 사귀게 된 친구가 지금의 남편, 그는 가난한 시골 농부의 아들로 장학금으로 학비를 대고 일해서 용돈을 벌어 썼습니다. 그래서 우리는 가난했고 데이트 장소와 식생활을 동시에 해결하기 위해 매일 떡볶이를 먹었고 돈이 없어 허덕거렸습니다. 그런데도 그에게는 특별한 매력이 있었습니다. 자기 관리 잘하고 최소한 제가 정신적으로나 물질적으로 이끌지 않아도 될 것 같은, 소위 말해서 능력인가요? 그런데 세상은 자신의 능력만으로 사는 것은 아닌 것 같았습니다. 어렵게 일하고 돈 벌며 대학원(박사)까지 마쳤으나 소도 비빌 언덕이 있어야 한다고, 남편은 대학교수 자리를 두고 몇 번 좌절을 맛본 뒤 45세가 넘어서 지방의 국립대학에 자리를 잡게 되었습니다. 그리고 우리 가족은 저의 유학으로 떨어져 살게 되었지요.

다시 프롬의 결혼관으로 돌아가서, 독일의 총리 슈뢰더는 결혼을 다섯 번인가를 했답니다. 이혼도 그만큼 했다는 것이겠지요. 왜냐하면 왕성한 사회활동을 하면 할수록 그에게 자꾸 새로운 가치의 새로운 상품(여자)이 나타나는 것이었습니다. 그때마다 새로운 여자를 만나고 살던 여자와 이혼을 했던 겁니다.

녹색당의 유명한 에른스트 피셔도 마찬가지더군요. 잘도 이혼하고 결혼도 합니다. 그는 가끔 텔레비전을 통해서 봐도 아주 매력적이더군요. 살도 자기 맘대로 뺐다 쪘다 합니다. 현재 부인이 몇 번째인지 모르겠습니다. 그런 의미에서 프롬의 결혼관은 어느 정도 설득력이 있는 것 같습니다.

결혼 20년이 지난 지금, 저와 저의 남편은 얼마만큼 각자가 스스로 내적인 재테크에 성공했는지 돌아볼 때인 것 같습니다.

다양한 민족, 다양한 국적의 사람들이 모여 사는 청소년 쉼터 바우이 팜젠Baui Fammsen, 독일 함부르크

가족 형태도 고를 수 있다면

유럽의 많은 나라가 그렇겠지만 독일의 경우는 지금으로부터 이미 100여 년 전부터 개인의 자유로운 의사결정을 존중하는 사회적 환경을 실현하기 위하여 노력해왔더군요. 이러한 노력 끝에 오늘날에 와서는 우리 나라 사람들이 갖고 있는 보편적인 가족에 대한 가치관으로는 이해할 수 없을 정도로 매우 다양한 가족 형태가 나타났습니다.

유학생활을 시작할 무렵 집중적으로 언어를 익히는 시간이 필요했습니다. 이때 독일의 가족 형태에 대한 교재를 읽게 되었는데, 그때 배웠던 내용을 요약해놓은 것이 최근 컴퓨터 자료를 정리하다가 우연히 발견되어 다시 읽어보니 독일 사회를 이해하는 데 도움이 될 것 같아 소개해보겠습니다.

독일의 가족 형태는 매우 다양합니다.

첫째, 주말에만 만나는 가족 관계, 소위 주말부부입니다. 이러한 형태는 우리 나라에서도 쉽게 찾아볼 수 있을 것입니다. 직장이 지방에 있는 이들이나 직업군인, 지방공무원 등이 이러한 가족을 주로 이루겠지요.

둘째, 부부가 함께 살되 아이가 없는 가족입니다. 아이를 안 갖기로 서로 합의하고 아이가 없는 가정으로 존재합니다. 아이의 양육에 대한 책임을 피하려는 의도도 있고 그렇게 살다가 입양을 하는 경우도 있습니다. 은근히 많은 수가 이에 해당합니다.

셋째, 한쪽 부모 혼자서 아이를 키우는 가족이 있습니다. 엄마가 혼자, 혹은 아빠가 혼자서 아이를 키우는 가정 형태입니다. 많은 가정이 또한 이에 속합니다. 엄마 혹은 아빠와 일주일간 생활하고 주말에는 아빠네 집에, 혹은 엄마네 집에 가서 지내고 돌아옵니다. 주말에 만나는 한쪽 부모가 새 배우자를 만나게 되면 아이들은 새엄마 혹은 새아빠와 함께 주말을 보냅니다. 한 학급에 대략 60% 이상이 이러한 형태의 가족에서 사는 것으로 보입니다.

넷째, 동성애자 가족이 있습니다. 남자와 남자 그리고 아이들, 또는 여자와 여자 그리고 아이들이 함께 사는 가족 형태로서, 이런 형태가 계속 늘어나는 추세입니다. 그러니까 이성 배우자와 함께 살다가 뒤늦게 자신의 '성性 정체성'을 찾고 그 결과 동성의 배우자를 만나서, 이미 낳은 아이들을 양육하는 형태입니다. 생각보다 매우 건강하고 따뜻한 형태의 가정이더군요.

다섯째, '가족 공동체'가 있습니다. 우리가 상상하기 좀 어려운 가족 형태인데 이혼한 남자와 그 아이들, 이혼한 여자와 그 아이들이 한 곳에 모여 커다란 가족 형태를 이루며 살아가는 모습입니다.

어린이들 중 특별히 열 살 미만의 아이들은 부모가 이혼을 하게 되면 무의식적으로 자신의 잘못으로 인하여 부모가 이혼을 하게 되었다는 상처를 지니고 살게 된다고 합니다. 이렇듯 부모의 갈등과 이혼은 아이들에게 심리적으로 매우 큰 영향을 준다고 합니다. 그럼에도 불구하고 이곳에서는 많은 부부가 이혼에 대하여 그다지 신중하지 않은 듯하더군요. 사십 세를 넘긴 많은 부부가 이혼을 하는데, 상대 배우자에게 더 이상 사랑을 발견할 수 없게 되고 이때 자신의 새로운 배우자를 만나는 것을 자연스러운 현상으로 받아들이는 것 같습니다.

나이 사십 전후를 부부의 위기라고 인정하는 분위기입니다. 새로운 배우자를 찾기 위해 봄, 가을 파티 계절이면 길가 벽보에는 "Party über 40"(40세 이상 파티)라는 홍보지가 도배되어 있습니다. 독일은 사회보장제도가(물론 북유럽에 비하여 그리 좋은 것은 아니지만) 잘 되어 있어 아이들에게 지급되는 양육비와, 혼자 사는

다양한 가족 공동체를 구성해 살아가는 지인들의 모습. 이들은 모두 발도르프 학교 교사로 일하고 있다.

여자가 아이와 함께 가난하게 살 때 국가에서 보조해주는 생활보조금을 합치면 풍족하지는 않지만 그런대로 먹고 살만 합니다. 게다가 이혼할 때 위자료도 넉넉히 받으면 경제적인 문제를 어느 정도 해결할 수 있지요.

    우리와 또 다른 경향은 살아보고 나서 혼인신고를 한다는 것입니다. 많은 사람들이 혼인신고를 하지 않고 우선 친구관계로 살아보고 난 후, 문제가 없음이 확인되면 본격적으로 동거를 시작하고, 오랫동안 동거하면서 서로에 대한 신뢰가 돈독해지면 아이를 갖는 것에 동의하고, 그 후에 아이의 출생신고를 위해서 혼인신고를 하는 경우가 많습니다. 그러므로 혼인율이 사실혼의 경우보다 매우 낮습니다. 저의 주위 사람만 해도 제대로 결혼해서 아이를 낳고 사는 사람이 별로 없습니다.

여자친구 혹은 남자친구하고 사는 경우, 이혼해서 나이가 칠십이 다 되어가는데 새로 만난 여자와 아이를 낳아 (그 여자는 남자보다 서른 살 정도 젊다.) 이제 아이가 여섯 살 정도인 경우(우리는 그 남자의 손자인 줄 알았으나 알고 보니 아들이라고 한다.), 게다가 동성애자뿐 아니라 양성애자도 있습니다. 또 아이가 세 명인데 제각각 아빠가 다른 사람도 있고, 그 여자와 새로 사랑을 시작한 남자도 있습니다. 사랑과 이혼에는 국경도 제한도 없어보입니다. 나이가 많아 혼자 사는 경우는 대체로, 결혼 경력과 이혼 경력을 동시에 많이 갖고 있는 경우입니다.

사회와 개인생활이 변함에 따라 인간의 행복추구권이라는 거대한 담론 앞에 어느 것도 비판과 비난의 대상이 될 수 없다고 합니다. 인간의 행복추구권 보장은 그 사회가 얼마만큼 '다양성'을 인정하느냐 그렇지 않느냐에 달려 있다 해도 과언이 아닙니다. 각 개인이 다름을 인정하는 것, 차별이 아니라 차이를 인정하는 것이 기본이 된다면 그만큼 진일보된 사회라 볼 수 있지 않을까 싶습니다.

생일을 맞아 자축 여행을 계획하던 비텐 안넨 시내의 카페, 독일

생일을 자축하며 떠난 프라하

지난주 화요일은 저의 생일이었습니다. 제비가 한반도를 떠나 따뜻한 남쪽 나라를 향하는 날 그 아쉬움을 안고 음력 9월 9일, 이 땅에 온 것입니다. 셋째 딸이라고, 엄마는 저를 낳고 섭섭하여 미역국도 드시지 않고 삼일을 우셨다고 합니다. 그러니까 저는 엄마나 주변의 적극적인 환영을 받고 태어난 아기가 아니고 슬픔의 대상으로 세상에 온 것이지요. 저의 인생은 그렇게 섭섭하게 시작되었답니다.

그래도 어린 시절에 어머니는 가난한 살림임에도 불구하고 풍성한 가을을 맞이하여 늘 잊지 않고 콩을 흑설탕에 버무려 호박 말린 것과 함께 고슬고슬 떡을 해서 온 가족이 나누어 먹었습니다. 그와 함께 연례행사처럼 저에게 이웃집에 나누어주라고 한 접시씩 떡을 담아주셨고 저는 신이 나서 제가 마치 대단한 존재라도 되는 듯 의기양양해서 이 집 저 집 저의 생일 떡을 돌리곤 했지요. 어린 시절 저의 자존감을 형성하게 했던, 생일날의 그 일은 지금까지 뿌듯한 기억으로 남아 있습니다.

교직에 몸담고 있었을 때에는 생일 일주일 전부터 친하게 지냈던 동료교사들에게 갖고 싶은 작은 선물들, CD, 책, 작은 액세서리 등의 목록을 적어서 하나씩 강제로 사들고 오게 만들었으며 퇴근 후에는 자축연 자리를 만들어 호프집에 모여서 케이크를 자르고 거나하게 한 턱 쏘는 것으로 생일잔치를 마치곤 했답니다.

그런데 이렇게 멀리 떨어져 있으니 이 지구상에서 제 생일을 기억해주는 이가 단 한 사람도 없었습니다. 하긴 음력 생일을 누가 기억해주겠냐만 그래도 섭섭하더군요. 나이 사십이 넘어서 한 살 더 먹는 것이 뭐 자랑이냐고 하겠지만, 그래도 이렇게 한 해 한 해 건강하게 살아 있음은 분명 감사할 일이라 생각합니다. 어찌 보면 그런 감사를 집중적으로 느끼는 날이 생일날이겠죠.

마침 가을방학이라 혼자 시내에 나가 생일을 자축하기 위해 책방에 들려 평소에 사고 싶었던 조금 비싼 책 한 권 사고,

커리로 무친 양파를 곁들인 소시지(이상한 것은 고기를 먹지 않으면서도 이 소시지는 반 정도 먹는다는……. 아무래도 나는 엉터리 채식주의자인 것 같다.)를 먹고, 노천 카페에 앉아 모처럼의 여유를 즐기며 커피를 한 잔 마셨습니다. 문득 하늘을 올려다보니 눈이 부시게 푸른 가을 하늘! 문득 어디론가 떠나고 싶었습니다. 부리나케 집으로 돌아와 인터넷으로 무조건 체코의 프라하행 항공권을 예약했습니다. 내 생애에 아이 없이, 딸린 이 없이 이렇게 홀가분하게 여행을 생각해보기는 처음입니다. 여자라는 이유만으로 젊었을 때는 세상이 무섭고 험해서 지레 겁먹고 떠나지 못했지만 지금이야 뭐 죽기밖에 더 하랴식의 막가파 생활방식이 어떤 두려움도 거두어버리는 듯싶습니다. 나이 먹는 것이 이래서 좋은 것도 있는 것 같습니다.

돈을 절약하기 위해 프라하 공항에 내리자마자 숙소를 안내해주고 예약을 대행해주는 곳으로 향했습니다. 안내하는 분이 독일어를 구사할 수 있어 아주 저렴한 호스텔을 구할 수 있었습니다. 호스텔의 주인은 특히 한국인들이 매우 예의도 바르고 친절하다며 이틀이 지나자 저에게 더 좋은 방이 비었으니 그 방을 사용하라며 호의를 베풀어주더군요.

아침이면 따스한 햇살을 받으며 가벼운 복장을 하고 무작정 시내를 향해 걸었습니다. 카를 다리의 평화로운 풍경과 타임머신을 타고 거꾸로 중세에 도착한 느낌의 스타로메스테카 Staromesteka의 황홀한 풍경을 열심히 카메라에 담아보았습니다.

황금소로를 기웃거리는 관광객들 틈에서 저도 기웃기웃 둘러보았습니다. 이곳에는 작은 선물가게들이 늘어서 있더군요.

저녁에는 그동안 내핍하며 아꼈던 여행경비의 일부로 과감하게 우아한 레스토랑에서 해물요리를 먹기로 결심하고 그래도 조금은 검소해보이는 음식점에 들어갔습니다. 한쪽 테이블에 프랑스에서 온 두 쌍의 중년 여행객들이 포도주를 앞에 두고 웃음을 곁들인 담소를 나누고 있었습니다. 혼자 앉아 있는 저에게 어디서 왔느냐, 뭐하는 사람이냐 등등 호구조사를 한 후 저에게 와인을 한 잔 주겠노라고 하더군요. 그래서 답례로 대학시절 열심히 외워 부르던 샹송 한 곡을 불렀지요. 주위 테이블에서는 난리가 났구요. 그런 용기가 어디서 났는지, 아마도 와인 한 잔의 위력이었던 것 같습니다.

저는 여행을 하면 대도시의 유명 관광지보다 그 나라의 서민들 생활에 더 관심이 많습니다. 그러한 생각에 다녀온 체코의 작은 도시 멜릭의 소박하고 여유로운 정취가 매우 인상적이었습니다. 강줄기를 따라 한참을 걷다보니 맞닥뜨리는 모든 낯선 풍경이 오히려 정겹게 느껴집니다. 언덕 위에는 옛 성주의 저택이었을 법한 웅장한 건물이 유유히 흐르는 강물을 바라보며 서 있고, 강줄기까지 이르는 깎아지르는 듯한 언덕에는 가을 햇살에 포도가 탐스럽게 익어가고 있더군요. 가파른 언덕을 올라 마을로 접어드니 관광지가 아님에도 곳곳에 오랜 세월의 흔적이 느껴지는 건축물들이 남아 있었습니다. 아쉽게도 체코어를 읽

프라하 외곽 멜릭의 이곳저곳
1 포도밭에 둘러싸인 성
2 멜릭으로 가는 기차역
3 꽃 가게
4 마을 묘지

을 수 없어 어떤 유적지인지 알 수 없었지만, 건축 양식으로 보아도 매우 독특한 분위기임에는 틀림없었습니다.

　가을 햇살이 서쪽으로 자리를 옮기는 와중에 도착한 마을 입구 공동묘지는 온갖 다채로운 꽃들로 화려하게 꾸며져 있었습니다. 망자를 위로하는 서민들의 따스한 마음이 느껴지는 풍경이었지요. 체코는 기원전 슬라브 민족이 정착한 이래로 여러 나라의 침략을 받았지만, 강력하게 저항하며 싸우지 않고 적당히 타협하고 속으로 슬픔을 안고 살았던 민족이었던지 오늘날까지 문화재가 모두 건재해 있었습니다. 그들의 문화유산에는 여러 시기의 문화 양식이 공존하고 있었습니다. 로마가 하루아침에 이루어진 것이 아니듯, 체코의 프라하 역시 하루아침에 이루어진 것이 아님을 알 수 있었습니다.

마지막 날 찾아간 프라하의 국립박물관에는 특이하게도 유럽 어느 나라에서든 흔히 볼 수 있는 유명 작가의 작품은 단 한 점도 볼 수 없습니다. 체코 국립박물관이라고도 하는 이곳은 1868년에 세워졌으며, 흡사 거대한 자연사 박물관 같습니다. 수백 가지의 희귀한 광물, 동물박제, 곤충류, 암석(프라하를 중심으로 조류와 어류의 서식지가 학술적으로 정리되어 있다.), 화석 등이 전시되어 있었습니다.

이런 박물관이 존재할 수 있는 이유는 이미 13세기에 프라하에는 유럽 최초의 대학이 세워져 그곳에서 기초자연과학 분야에 대한 연구를 꾸준히 해온 결과라 여기기에 충분했습니다. 이것이 바로 체코 프라하의 힘이 아닐까 싶었습니다.

프라하 시내에 있는 옛 성문과 최초의 유대인 집단주거지역에 자리 잡은 유대인 공동 묘지

마지막 날 유대인지구에서 네덜란드에서 온 여행객과 서로 한 장씩 독사진을 찍어주었습니다. 프라하는 유럽 최초의 유대인 집단주거지역이 생겨난 곳입니다. 독일 나치체제 때 이곳에서 강제노역을 당한 유대인들은 후에 아우슈비츠로 끌려가 처형되었고 그들의 묘비가 50년이라는 세월의 풍파에 을씨년스러움과 참혹함을 그대로 보여주고 있어 보는 이들이 시대의 아픔과 교훈을 함께 느끼기에 충분했습니다.

프라하 시민들은 대체로 친절하고 길을 물을 경우 80% 이상이 영어로 길을 안내해줄 수 있을 정도입니다. 물가는 아직 저렴한 편이구요.

한국에서 〈프라하의 연인〉이라는 드라마가 방영되고 있어서인지 시내에 한국 관광객이 참 많았습니다. 야간 조명으로 더욱 고풍스러운 분위기를 연출하는 프라하의 가을 밤에 마차를 탄 한국인 노부부가 관광객을 향해 손을 흔들던 모습이 참 보기 좋았습니다.

돌아오는 길에 독일에서 함께 공부하고 있는 젊은 후배들과 함께 조촐한 생일 파티 때 마실, 독일 맥주보다 맛나기로 유명한 체코의 맥주를 사서 배낭에 담아 낑낑대며 가져왔습니다. 여하튼 생일 자축 여행을 알차게 마치고 씩씩한 모습으로 돌아왔습니다.

발도르프 유치원을 견학하러 온 한국의 유치원 교사들, 독일 함부르크

아줌마의 힘!

드디어 방학을 했습니다. 이번 에포크는 힘이 많이 들었습니다. 그동안 땡땡이로 일관하다 졸업을 조금 앞당기려고 갑자기 학점관리에 들어가고, 학점인정증을 받고, 수업을 종일 듣고 하다 보니 늙어서 공부하는 것이 정말 쉽지 않은 일이란 걸 깨달으며 옛 어른들의 말을 새삼 떠올렸습니다. '공부도 다 때가 있는 거여.'

오늘은 발도르프 유치원 교사과정에 참여했던 열여덟 명의 한국 선생님들이 이곳 비텐을 방문했습니다. 앞으로 이 지역의

발도르프 유치원을 견학할 예정이라고 합니다.

모두 제 또래 혹은 그 이상의 아줌마들이셨고 스님도 한 분 계셨습니다. 정말 우리 나라의 교육과 역사는 아줌마에서 시작해서 아줌마로 승부를 보는, 어찌 보면 우리 나라의 운명이 아줌마들의 손에 달려 있음을 실감하게 했습니다.

전국 방방곡곡에서 주머닛돈 쌈짓돈 챙겨서 지구 반 바퀴를 돌아 열여덟 명의 유치원 선생님들이 오셨는데 어쩜 그리도 열성이던지 모두들 한결같이 입을 모아 발도르프 유치원의 필요성과 중요성, 그리고 아이들을 위한 참된 교육의 필요성을 절실히 통감하고 있는 듯했습니다. 물론 우려되는 부분도 없는 것은 아니었습니다. 대부분 몬테소리 유치원으로 시작해서 이제는 마치 발도르프 유치원 시대가 열리고 있으니 어서 빨리 시대를 앞서가야 하지 않는가라는 야릇한 입장을 갖고 있는 분 또한 있었으니 말입니다.

허나, 그러한 이름이 뭐가 중요하겠습니까. 몬테소리든 발도르프든 아이들이 중심에 있고, 우리 아이들 하나하나가 매우 소중하게 이 세상에 태어난 존재라는 것을 잊지 않고 그들과 배움의 공간에서, 놀이의 공간에서 만나면 되지 않을까 싶습니다. 이 선생님들과 짧은 시간의 만남이었지만, 그들은 저처럼 독일에서 정규 발도르프 교사과정을 하지 않았지만 나름대로 교육 현장에서 어떤 것이 중요한가에 대하여 고민하며 발도르프 교육을 실현하고 있으니 말입니다.

발도르프 유치원 실내와 자연 소재로 만든 장난감들
발도르프 유치원에서는 자연 소재로 직접 만든 장난감으로 아이들의 감성과 인성을 교육하는 것을 중요하게 생각한다.

우리는 카페테리아에 둥그렇게 앉아 자기 소개를 하고 발도르프 교육을 만난 동기, 그리고 독일에 와서 느낀 점들에 대해 돌아가면서 얘기를 나누었습니다. 빛나는 한국 아줌마들의 얼굴을 보니 뭔가 도움이 되고 싶은 생각이 들었습니다. 마침 올 한 해 졸업 준비 한다는 핑계로 게으름을 떨었더니 학교식당 봉사가 반나절 남아 있어, 학교 주방장과 함께 모처럼 방문한 고국의 유치원 선생님들을 위해 점심을 준비하기로 했습니다.

폴란드가 고향이며 비록 성질은 고약한 주방장이지만 내게 한국 사람들이 좋아하는 음식이 어떤 것인지 묻길래, '내가 한번 만들어 보겠노라.'고 하니 기꺼이 주방의 주권을 내주었습니다. 저는 무와 오이에 고춧가루, 마늘을 넣어 생채를 만들어 식단을 짜보았습니다. 모두들 고추장에 밥을 비벼 먹으면 참말로 좋겠다며 제게 연신 고마움을 표현하며 맛나게 먹었습니다.

고향에서 함께 일하던 동지들을 만난 듯 반갑고 기쁘더군요. 불현듯 고향에서 함께 일했던 동료들 소식이 궁금해졌습니다. 이제 방학도 되었으니 안부를 전해야겠습니다. 저 아직 살아있다구요!

비텐 안넨 발도르프 사범대학의 연못. 8자를 그리며 연속해서 흘러내리는 물이 영원한 에너지의 형태를 뜻한다.

청소 당번 때 바닥에 주저앉아 빡빡 닦아내던 계단, 비텐 안넨 사범대학 신관

청소 빠지면 졸업 못해

여유로운 3주간의 부활절 방학이 끝나고 내일 개학입니다. 내일부터는 새벽에 다른 친구들보다 한 시간 일찍 가서 청소를 해야 합니다. 1년에 6주씩 학교에서 구역을 맡아서 청소하게 됩니다. 학교 운영비 절약 차원에서 청소하는 사람을 고용하지 않고 학생들이 돌아가며 학교 구석구석을 청소하는데, 학생의 의무이기 때문에 이 의무를 다하지 않으면 졸업할 수 없습니다.

요즘처럼 초여름 가까운 시기에야 아침 7시에도 훤하지만 해가 늦게 뜨는 겨울에는 정말 지옥이 따로 없습니다. 축축한

습기가 온몸을 이불째 땅밑으로 끌어당기고 창밖은 어두컴컴한 것이 매우 괴롭습니다. 이뿐 아니라 이번 주부터 수요일마다 식당 주방에서 일해야 합니다. 이 역시 학생들에게 카페테리아에서 저렴하게 점심을 제공하는 이유인데, 학생들이 매일 네 명씩 한 조를 이루어서 전 학생과 교직원에게 식사를 제공하는데 1년에 다섯 번씩 역시 의무봉사를 합니다.

생각해보면 아찔하지 않을 수 없습니다. 매일 네 명이 딱딱 맞아떨어지는 것이 아니라 갑자기 일어나는 개인의 급한 사정으로 인하여 점심 준비를 해야 하는 시간에 그날의 당번이 오지 않으면 사태는 매우 심각해집니다. 땜질을 위해서 당번을 조직하는 학생이 수업시간에 교수에게 양해를 구하고 급하게 급식 당번을 구하는 경우가 종종 벌어집니다.

청소와 마찬가지로 이 의무봉사도 하지 않으면 졸업을 할 수 없습니다. 식당 당번이 들어 있는 날에는 수업도 빼먹고 해야 합니다. 저는 일부러 수업이 없는 매주 수요일로 신청했는데, 노동의 강도가 엄청 셉니다. 온종일 서서 조리용 기구를 씻고 닦고, 요리하고 오후 3시에 일을 마치면 완전 파김치가 됩니다. 이런 일도 젊었을 때나 하는 것인가 봅니다. 아무튼 한국에서 게으름 떨고 하지 않았던 청소와 요리, 주방 일 등을 제대로 걸려서 배워야 하는 상황입니다.

그런데 힘들다고 불평만 할 것이 아니랍니다. 이런 기회를 통해서 함께 일하는 다른 전공 학생들과 친해지기도 합니다. 다른 전공 학생들과 별로 얘기할 기회가 없으나 함께 일하면서 왜 이곳에 왔는지, 앞으로 어떤 일을 할 것인지 많은 이야기를 나누게 됩니다. 독일뿐 아니라 전 세계에서 발도르프 교사과정을 공부하기 위해 모여든 학생이 전체 학생의 40%가 넘기 때문에 다른 나라의 문화를 자연스럽게 접할 수 있는 기회도 된답니다.

청소를 잘 하지는 못했지만 청소로 인하여 친해진 친구가 있습니다. 저와 동갑이며 청소 당번을 조직하고 관리하는 교수 '크리스타'랍니다. 나중에 알고 보니 입학 면접 때 저를 담당했던 교수더군요. 그 당시에는 누가 누군지 외국 사람들의 얼굴을 변별해서 기억할 수 없었지요.

생각만 해도 아찔했던 입학 면접시험 날이 생각납니다. 어눌한 발음과 표현력이 부족한 저의 독일어가 불안해서 묻고 대답하기를 독일 친구와 매일 연습하며 달달 외워서 면접교수가 내게 질문하기도 전에 앉자마자 하고 싶은 말을 몽땅 해버리고 면접시험을 통과했던 기억이 납니다. 입학 후에 그녀와 바우차이트(신입생이 의무적으로 한 달간 학교 건물 보수와 대청소에 참여해야 하는 기간)에서 만났을 때 혹시나 들통날까봐 긴장하며 대화를 나누곤 했지요. 최소한 그녀를 잘 알게 될 때까지는 말입니다.

크리스타는 회색 눈동자에 독일 사람 특유의 강직한 모습과 거친 손을 가진, 그러나 맑게 웃는 모습이 참 예쁜 친구였습니다. 그녀의 역할은 외국학생들의 현실적인 독일 유학생활을 돕고 언어수준을 향상시켜 학교생활을 잘 할 수 있도록 도와주는 것입니다. 청소는 잘 못하지만 열심히 해보려는 제가 마음에 들었는지, 문제가 생기면 어디선가 나타나 적극적으로 도와주는 친구가 되었습니다. 그녀의 제안으로 함께 슈타이너의 책을 읽기 시작했던 것도 나의 독일어를 향상시키기 위해 나름 애썼던 시간이었다는 것을 1년 후에야 알게 되었습니다. 공식적인 문서나 중요한 편지를 작성할 때면 먼저 그녀에게 문장을 교정받아서 보내기도 했지요. 외국학생들의 독일어 코스를 지도하기도 했던 그녀는 노래하고 춤추는 것을 매우 좋아합니다.

제가 일 년간 부퍼탈의 발도르프 특수학교에서 실습하기 위해 그곳 숙소에서 생활할 때 평생교육센터에서 운영하는 민속춤 코스를 함께 등록하여 다니기도 했지요. 학교 축제 때도 어김없이 나타나 음악에 심취해서 눈을 지그시 감고 감정 표현에 여념이 없는 그녀의 모습은 매우 매력적이었습니다.

그녀는 뒤늦은 유학생활에 청소로 맺어진 저와의 인연을 특별하게 생각하였으며, 저는 낯선 남의 땅에서도 언제나 든든한 후원자 덕분에 아이를 키우며 조금은 편안히 학교생활을 할 수 있었던 것 같습니다. 전남편과의 사이에서 얻은 딸과 지금의 남편에게서 얻은 아들을 키우며 제 아들과 비슷한 나이로 사춘기를 겪는 딸아이 때문에 우리는 함께 아이들의 사춘기를 고민하면서 서로를 더 잘 이해할 수 있었구요.

그녀와의 인연이 제가 한국으로 돌아간 후에도 오랫동안 지속되고 서로 영원히 신뢰할 수 있는 관계가 되길 바라봅니다.

학교 식당에서 일하는 칼

인지학의 달인 '칼'

야호! 드디어 크리스마스 방학을 했습니다. 마지막 날은 전 교생이 모여 짧은 방학식과 함께 예술 공연을 관람합니다.

우리 학교 식당에는 긴 머리를 제 멋대로 틀어쥐어 묶어, 마치 우리 나라 전봉준 장군이 이송될 때처럼 흐트러진 머리 스타일을 한 채 학교 식당Mensa에서 설거지를 담당하는 육십이 다 된 아저씨가 있습니다. 그의 이름은 '칼Karl'이라고 합니다.

새로 입학한 외국학생에게 독일어를 가르친다고 얼마나 큰 목소리로 이야기하는지 5분만 듣다 보면 머리가 지끈지끈 아파

오기 시작할 정도로 유난히 목소리가 쩌렁쩌렁합니다. 언젠가 누군가에게 들은 이야기지만, 이 아저씨에게는 정신과 소견이 있어 결혼생활도 하지 못하고, 그나마 우리 대학에서 그에 대한 이해가 있어 편안히 머물 수 있도록 한 것이라 합니다.

그는 일과가 끝나고 열리는 인지학과 관련된 유명 강사의 특별강연에 거의 빠지지 않고 참여하며, 특히 학생들의 예술 공연은 만사를 제치고 꼭 관람합니다. 웬만한 교수보다도 그가 인지학적으로 더 많이 알고 있을 것이라고 학생들끼리 농담 삼아 이야기할 정도입니다. 그런 그에게 오늘 크리스마스 방학식을 하면서 특별한 프로그램을 제공하게 되었습니다.

그의 생일은 가을입니다. 10월쯤이었던가? 저에게 학생회에서 편지가 왔습니다. 그 내용은 다음과 같았지요.

"우리 학교 학생식당의 Geist(정신)인 '칼'이 바이올린을 갖고 싶어하는데, 그의 생일선물을 마련하기 위하여 돈을 모금 중입니다. 카드에 자신의 이름을 쓰고 성의껏 모금함에 넣어주시기 바랍니다."

저는 가끔 루돌프 슈타이너의 원전을 읽다가 도무지 이해되지 않는 문장이나 뜻이 있으면 아쉬운 대로 늘 학교에 살고 있는 '칼'에게 가서 언제든 물어봅니다. 그는 그의 외롭고 힘든 삶에서 자신에게 뭔가를 물어봐주는 외국학생인 제게 최선을 다해서 대답을 해주는 것뿐 아니라 가끔씩 자신이 관리하는 자동판매기의 카푸치노(내가 제일 좋아하는 커피라는 것을 그도 안다.)까지 공짜로 뽑아줍니다. 그러면서 덧붙이는 말인즉, 그전에는 외국학생들이 책을 읽다가 모르는 것이 있으면 학생들끼리 질문하면서 서로 대답해주곤 했는데, 요즘 들어 학생들 사이가 각박해져서 유학생들이 공부하기가 점점 더 어려워진다며 안타까워합니다.

아무튼 학생들은 십시일반 돈을 모아서 그를 위해 중고 바이올린을 샀고 오늘 '깜짝 쇼'로 그에게 선물을 한 것입니다.

그는 다음과 같은 인사말을 했습니다.

"사랑하는 여러분! 고맙습니다. 이제부터 저는 무조건 바이올린을 배워야 합니다."

그의 남은 인생에서 바이올린은 또 다른 가까운 친구이자 가족이 될 것이라 믿어 의심치 않습니다. 크리스마스 방학식 끝 순서로 마련한 예쁜 이벤트였습니다. 하루도 빠짐없이 학교 식당 구석진 설거지 기계 앞에서 한쪽 어깨에 행주를 걸치고 있던 그가 무대에 모습을 나타나자 모두들 일어서서 박수를 치며 그의 1년간의 수고를 치하하는 모습이 참 보기 좋았습니다.

칼이 행복해하는 모습을 본 우리는 서로 기쁜 크리스마스와 힘찬 새해를 맞이하라는 덕담을 나누고 헤어졌습니다.

베네치아에서 '마주친' 가족

가족여행에서 돌아와 무려 열다섯 시간을 자고 일어났습니다. 로마에서 남편은 집시들에게 800유로와 마스터카드 두 개를 털리고 오전 내내 로마 경찰서에서 조서를 꾸미고, 카드 분실신고를 했답니다. 그런데 뭔 돈을 그리 많이 갖고 있었던지, 제대로 집시들을 도와주었답니다.

남편은 성격이 워낙 꼼꼼해서 덜렁거리는 나와 아들에게 매번 매 순간 잔소리를 해댔습니다. 조심하라고. 그러다가 자신의 지갑을 순식간에 털린 것이지요. 그 자리에서 바로 집시 그

룸 소매치기를 잡았지만 이미 다른 공범자에게 지갑과 모든 것이 넘어간 후라 증거를 잡을 수가 없었습니다. 허탈한 마음에 기분도 상하고 하여 간단히 로마 투어를 마치고 베네치아로 떠났습니다. 아름다운 도시, 베네치아! 산타루치아 광장에 앉아 실눈썹 같은 초승달과 초저녁 샛별이 반사된 물결을 한동안 바라보며 상념에 잠겨 보았습니다.

안타깝게도 과거 찬란했던 베네치아의 영광은 사라지고 남은 것은 관광객들의 주머니를 겨냥하여 조상들의 삶의 자취를 박제화하기 위해 안간힘을 쓰는 베네치아 사람들뿐이었습니다. 그 속에는 빛나는 미래도, 벅찬 감동도 찾아볼 수 없었습니다. 베네치아는 관광객이 아니라면 더 이상 존재할 수 없는 폼페이 같은 도시가 되어갈 거라는 예상을 하기에 충분했습니다.

슈타이너의 인지학에서는 '인간이란 누구나 끊임없이 정신적인 성장을 하지 않으면 안 되는 존재'라 합니다. 자신의 끝없는 정신적인 성장을 위하여 '어떻게 살 것인가'를 고민하며 하루하루, 매 순간 최선을 다하며 살지 않으면, 매 순간 의식적으로 살지 않으면, 정신적인 성장을 할 수 없다고 합니다. 비단 인간뿐이겠습니까? 도시도, 국가도 마찬가지겠지요.

가족과 함께 여행을 다니면서 저는 계속 자신을 돌아보는 시간을 가졌습니다. 오랜만에 만나는 가족들은 서로 자기의 입장을 이해해달라며 발톱을 세우게 됩니다. 남편은 남편대로 그동안 혼자 외롭게 보냈던 시간을 보상받고 싶어하고, 저는 저대

토리 섬으로 향하는 배 안에서 바라본 풍경

로 혼자 아이 키우며 공부하느라 지친 심신을 남편에게 위로받고자 하지만 결국 서로의 이익이 충돌하여 극단으로 치닫게 됩니다. 특히나 아이가 사춘기에 접어들면서 오랜만에 만나는 아빠와 늘 갈등을 겪게 됩니다.

남편은 아이가 한국을 떠날 때의 초등학교 6학년 모습을 기억하고 있습니다. 언젠가 아이의 속옷을 보내주었는데, 이미 성인의 체격을 갖고 있는 아이에게 초등학교 6학년 정도가 입을 수 있는 크기라 어쩔 수 없이 제 차지가 되었던 적이 있었습니다. 그러니 철없고 귀여운 초등학생을 기대하며 아이 취급을 합니다. 엄마와 살면서는 언제나 자유로운 헤어스타일을 유지해

왔지만, 아빠가 방문을 하는 즉시 동네 이발소에 끌려가 깨끗하고 단정한 '범생이'의 모습을 해야 합니다. 그러다가 아들과 아버지가 논쟁을 벌이면 아빠는 100 : 0으로 아들에게 지고 맙니다. '정확히 말해서, 내 머리는 내 것이므로 아빠가 상관할 일이 아니다. 아빠는 아빠 체면 때문에 내 머리를 아빠 마음대로 하려는 거 아니냐? 난 다른 사람이 나를 어떻게 생각하는가를 상관하지 않는다. 내 맘에 드는 것이 제일 우선이다.'라며 자신의 생각을 피력합니다. 남편은 극단으로 치닫는 아들의 논리에 수긍을 하면서도 아빠의 입장을 이해해주지 않는 아들이 못내 섭섭한 듯합니다. 오랜만에 만나면 한동안 서로 서먹서먹한 상태로 얼마간의 시간을 보내고 난 후 비로소 매일 부딪치며 사는 가족처럼 상대방의 입장에서 이해하기에 이릅니다.

'그때 내가 어떻게 했어야 했는데.', '그 일은 나 때문에 일어났을 거야.' 혹은 '내가 그때 좀 더 이해하려고 노력했어야 했는데.', 아니면 '이렇게 저렇게 했어야 했는데.' 등등 계속 자신을 돌아보면서 가족들과 서먹했던 시간이 점점 격이 없어지고, 모든 것을 포옹할 수 있었습니다. 오랫동안 물리적으로 떨어져 있던 탓에 서먹함과 섭섭함이 이렇게 만나면 다시 부딪치고 풀어내야 하는가 싶었습니다.

나의 성장과 가족관계의 성숙함, 더 나아가서 남은 내 생애의 의미 있는 준비를 위하여 베네치아의 상념과 다짐을 다시 한 번 떠올려봅니다.

한국에서 삼십대 여성이란?

한국에서 잠시 방문한 삼십대의 한 한국 여성, 그것도 전문직에 종사하는 그녀를 만났습니다. 그녀는 나와 함께 사는 유학생 후배의 친구였습니다. 삶에 지쳐 몸에 병을 얻고, 죽음을 생각하며, 이렇게 저렇게 하다가 급하게 친구를 찾아 지구를 바꿔 돌아 이곳까지 왔습니다. 휴식처를 찾아 쉬려고 그렇게 도망치듯 온 것입니다.

그래도 그녀는 행복한 경우입니다. 이러지도 저러지도 못하고 그저 그렇게 살면서 병을 얻고 종국에 가서는 삶을 마감해야 하는 여성들 또한 얼마나 많은지 알 수 없습니다.

검은 머리의 동양 여자 셋은 독일의 이방인이 되어 노천 카페에서 맥주를 마시며 한국에서 소위 잘 나간다는 전문직을 갖고 사는 삼십대 여성의 삶의 얘기 속으로 떠났습니다. 그 여성이 고달픈 주변 환경, 가사와 양육, 그리고 전문직 종사자로서 전문성을 확보하기 위한 현실적인 노력, 경영뿐 아니라 사회적 관계 속에서 얻게 되는 실망감, 인간적인 배신에 대하여 눈물짓는 모습을 천천히 바라보았습니다. 그러면서 나의 삼십대 때 동료들의 배신에 대하여 잠시 회상해보았습니다.

사람은 살면서 그 나이에 걸맞는 삶을 경험하게 됩니다. 저 역시 삼십대 때 사랑했던 동료들의 배신에 치를 떨었던 시간이 있었으나 지금 와서 생각하면 그들이 나를 배신했다기보다는 제가 그들과 너무나 달랐기 때문에 그들이 저를 이해하지 못했던 부분이었지만, 그럼에도 불구하고 전 그 외롭고 쓸쓸한 시간을 참으로 힘들게 겪어내야 했습니다. 아픈 만큼 자신의 욕심을 끊고 칼을 갈고, 때로는 자기 자신을 낮추는 겸손을 배우며 그렇게 그 시간을 보냈던 기억이 납니다. 그러한 과정을 통해서 더욱 정신적으로 성숙할 수 있었을 것입니다.

돌이켜보면 한국에서는 개인의 자유와 삶이 곳곳에서 제한당하지 않았던가 하는 생각이 듭니다. 개인은 환경과의 관계에서 성장하고 있으므로 환경 또한 개인의 자유의지를 최대한 보장해줄 수 있도록 계속 성장, 발전해야 하는데, 우리는 아쉽게도 개인의 희생만을 강요하는 사회로 치닫고 있는 느낌입니다. 그 속에서 우리의 사랑하는 후배들인 삼십대는 많이 지쳐 있고, 힘겨워하고 있다는 느낌을 받게 됩니다.

사십대의 제 친구들도 마찬가지이긴 합니다. 마음의 병이 몸으로 전이되어 몸이 축나고 병원을 넘나드는 친구들 이야기를 간헐적인 고국 방문에서 접하게 되는 슬픈 상황입니다. 정말 자신을 돌아보고 조금 천천히 쉬면서 진실된 자신과 만나는 시간을 의식적으로 많이 만들며 살지 않으면 참 힘겹게 되리라 생각했습니다.

한참 뒤 대화를 마치는 분위기에서 그 젊은 친구가 제게 묻습니다. "다시 한국으로 돌아가면 잘 살 수 있을 것 같으냐."고. 저는 대답했습니다. "당연하지요!" 뭘 모르면 그런 자신감만 생긴다지요. 아직 젊은 탓인지 철이 없는 건지 모르겠습니다. 한번 살아보되, 제대로 살아볼 예정이라는 것 이외에는 어떤 것도 내세울 것이 없습니다.

브레라 미술관 입구에 승리의 여신을 들고 있는 나폴레옹 동상, 밀라노, 사진 황인경

밀라노에서 일어난 일

지난 월요일, 앞으로의 진로, 즉 귀국하면 함께 발도르프 특수학교를 설립할 것인가, 아니면 독자적인 노선을 선택할 것인가에 대한 고민에 종지부를 찍어야만 하는 아픈 결정의 시간이 있었습니다. 옛 동료들과 오랫동안 논의했던 것이 하나의 과제로 다가왔습니다. 결국 일방적인 선언을 한 후 심란한 마음에 향한 곳이 친구가 사는 이탈리아의 밀라노였습니다.

밀라노에 사는 친구는 예술가입니다. 공항까지 마중 나올 필요가 없다고 했건만, 밀라노에는 초행인 저에게 공항에서 자기 집까지 가는 길에 코모Como의 아름다운 호수도 구경시켜주겠다며 무리하여 저를 맞으러 나왔습니다.

우리는 오랜만에 상봉의 기쁨을 나누고 유람선을 타고 아름다운 코모 호수를 한 바퀴 돌아 밀라노 시내로 가는 고속도로에 접어들었습니다. 밝고 명랑하고 다혈질인 친구는 나와 앞 차와의 거리를 번갈아 보며 수다를 떨다가 그만 앞 차를 들이박는 사고를 내고 졸지에 차는 폐차장으로 향하게 되었습니다. 다행히 저와 친구, 앞 차에 탔던 사람 아무도 다치지 않고 멀쩡했습니다만, 사건은 그것이 끝이 아니었습니다. 폐차 처분을 위해 짐을 옮기는 과정에서 제 여권이 들어 있던 손가방이 사라진 것을 전철을 타고 집에 도착한 후에야 알게 되었답니다. 어떤 정신 나간 사람들이 여권을 잃어버리나 했더니 바로 '나'였습니다.

다음날은 이탈리아 전체 국가 공휴일이라 여권을 찾기 위한 어떤 일도 할 수 없어 심리적인 부담을 안고 밀라노의 미술관, 박물관을 돌아보았습니다. 명화가, 그 유명하다는 조각 작품들이 눈에 들어오지 않았습니다. 친구가 바쁜 관계로 혼자 시내를 관광하다가 재즈 바에 앉아 맥주 한 잔을 시켜놓고 내리는 비를 바라보며 어떻게 할 것인지 걱정하고 있었습니다. 쌍쌍이 다정하게 우산을 쓰고 걷는 이들은 세상에 걱정이 없겠다 싶은 것이 괜스레 마음이 더욱 무거워졌습니다. 축 늘어진 어깨로 터덜거리며 집에 돌아와 다음날 일찍 폐차장으로 가서 자동차의 구석구석을 살펴보았으나 여권 가방은 찾을 수 없었습니다.

'분명히 그곳 어디엔가 떨어져 있었을 텐데.'라는 희망도 그곳에서 근무하는 사람들의 무관심과 자신의 일이 아니라는 외면 속에 더 이상 찾는 것을 포기할 수밖에 없었습니다. 이제 밀라노에서 왕복 10시간 걸리는 초특급 기차를 타고 로마로 향하는 것이 현실적인 해결책이었습니다. 이탈리아에서는 유일하게 로마에만 한국대사관이 있기에 거기 가서 여권을 발급받아야 다른 나라로 이동할 수 있기 때문입니다.

무조건 오전 11시 기차를 타야 한다는 생각으로 차도로 내려와 아무 자동차를 향하여 손을 흔들어 세우니 드디어 마음씨 착하게 생긴 운전자가 차를 세워주었습니다. '조반니'라는 착한 청년의 도움을 받아 떠나는 기차를 간신히 잡아타고 로마의 테르미니 역에 도착하여 택시를 타고 대사관으로 향했습니다. 대사관 여직원은 친절하게도 근무시간이 훨씬 지난 후에 도착한 저를 기다리며 임시 여행자 여권을 만들어주었습니다. 서둘러 다시 마지막 기차를 타고 새벽 1시가 되어 밀라노로 돌아와 다음날 독일행 비행기를 타고 집으로 무사히 돌아왔습니다.

폐차된 자동차는 친구에게 자유를 주고 일거리를 돕는, 그야말로 분신이나 다름없었습니다. 저는 친구의 발목을 잡고 모든 것을 정신없이 만들어놓고 온 것이었습니다. 어찌나 자책감이 들던지 자신이 한심스러웠습니다. 그러나 미안해하는 저를 오히려 위로하는 친구의 배려에 그저 민망할 뿐이었지요. 그 친구는 갑자기 맡게 된 방송 일을 위해 자동차를 빌리거나 운전해줄 사람을 따로 고용해야 할 형편이랍니다.

10시간을 오가는 로마행 기차에서 많은 생각을 했습니다. 어떤 사건에 직면했을 때 벌어진 일에 대하여 어떤 관점으로 정리할 수 있는지, 그리고 상대의 입장을 어떻게 이해하고 배려할 수 있는지에 대해 생각했습니다.

우리는 많은 사람들과 관계를 맺고 삽니다. 그것은 살아 있는 한 피할 수 없는 선택입니다. 그 와중에 고마운 이탈리아 청년 '조반니'도 만났습니다. 그는 무조건 손을 치켜든 저를 위해 자신의 목적지는 뒤로 하고 기차역까지 태워다주었습니다. 제가 너무 고마워 10유로를 건네려 하자 절대 사양하더군요. 이름을 묻자 '조반니'라고 했고 그의 이름은 독일의 학교 친구인 '조반니'와 오버랩되면서 참 따뜻한 친구로 남게 되었습니다. 그의 선한 미소가 아직도 눈에 선합니다.

참 어이가 없는 일도 있었습니다. 나중에 알고 보니 바가지 요금으로 유명한 로마의 택시 기사가 대사관으로 가고자 정신이 없는 이방인인 저에게 바가지를 씌웠더군요. 곱절, 즉 두 배의 택시 요금을 받아먹은 것입니다. 그것도 모르고 저는 매우 고맙다고 하지 않았겠어요? 아이고 억울해라.

어려운 결정을 하고 견딜 수 없어 도망치듯 쫓기듯 출발한 여행이었지만 결정할 당시의 무거웠던 마음은 좌충우돌하는 사이에 어느새 가벼운 새털 같아졌고, 다시 내가 새롭게 내딛고 서야 할 터전에 대한 많은 생각과 질문을 남겼습니다.

아일랜드로 떠나는 아들

며칠 전부터 짐을 싸라고 아무리 이야기해도 꿈쩍도 하지 않더니 막상 떠나기 전날, 새벽 3시까지 짐을 싸 현관에 내놓고는 잠이 들었던 것 같습니다. 어쩌면 일을 미루고 막판까지 가는 것도 저를 꼭 닮았더군요. 정말 싫습니다.

새벽 5시에 제가 먼저 일어나 준비를 하려고 깨우지 않았는데 스스로 일어나 샤워를 한다고 부산을 떱니다. 꼭 가야 하는 학교라고 생각했는지 평소와는 사뭇 다른 것 같아 조금 기특했습니다. 옷가방, 책가방을 하나씩 끌고 기차역에 도착하니 같은

짝사랑하는 여자친구 안나, 배웅 나온 학급 친구들과의 이별

학급의 여학생 다섯 명이 도착해 있습니다.

아침 6시, 이 새벽에 배웅을 나온 것입니다. 고속열차로 갈아타기 위해 가야 하는 도르트문트까지 배웅하기 위해 함께 가겠답니다. 도르트문트에 도착하니 또 다른 한 무더기의 아이들이 아들 단이를 기다리고 있습니다. 모두 열대여섯 명이 배웅을 나온 것입니다. 한 명씩 뜨거운 포옹에 눈물 바람이 일었습니다. 친하게 지내는 학부모도 함께 와 있었습니다. 도대체 이 새벽에 무슨 일이냐고 묻는 저에게 그 엄마는 "아이들이 단이를 얼마나 사랑하는데 ……"라며 말을 잇지 못하고 눈시울을 붉힙니다. 나도 모르게 코끝이 찡합니다.

아이와 함께 아일랜드의 기숙학교로 가는 동안 차창 밖의 시선은 건성이고 처음 아이가 독일에 왔을 때의 기억이 새삼 떠올랐습니다. 아이는 초등학교 6학년을 마치고 혼자 이곳 독일에 왔습니다. 말 그대로 '엄마 찾아 삼만리!'

제가 독일에 온 지 6개월이 지난 후 서울에서 근무하던 남편이 갑자기 지방근무를 하게 되었고, 혼자 아이를 어찌 할 수 없다며 힘들더라도 아이와 함께하면 어떻겠냐는 제안에, 다른 아이들 교육문제를 고민하며 좋다는 발도로프 교육을 공부하러 와서 내 아이의 교육을 나 몰라라 하는 것은 옳지 않다고 생각하여 기꺼이 맞이할 수밖에 없었습니다. 양육과 유학생활을 병행한다는 생각에 아찔하긴 했지만 할 수 없이 백기 들고 아이와 함께 유학생활을 시작하기로 결심했지요.

아이는 혼자 비행기를 타고 오는 동안 불안과 초조함으로 좌석에서 한 번도 일어나지 않고 가스가 가득찬 배를 안고 하루 종일 주는 음식을 받아먹으며 제가 있는 도시까지 온 것입니다. 밤 10시가 넘어 뒤셀도르프 공항에 아이를 태운 비행기가 도착하자 안내방송을 통해 아이의 도착 소식을 듣고 찾아간 저를 보자마자 완전히 맛이 간 얼굴로 간신히 한마디를 내뱉었습니다.

"엄마, 똥 마려."

걸음도 제대로 못 걸었습니다. 어기적어기적거리는 아이의 손을 잡고 여자 화장실로 데리고 가 불안해하는 아이 곁에서 떠날 수 없어 지키고 서 있었습니다. 간단히 볼일을 보고 집으로 향하는 기차를 타고 오는데 많이 불안해서인지 눈을 계속 깜빡이는 것이었습니다. 집에 도착하자 아이를 따뜻한 물로 목욕시키고, 함께 데리고 자면서 아이의 불안을 잠재우며 그렇게 독일에서의 첫 밤을 보냈습니다.

아이는 한국에서 3개월 동안 독일어 개인교습을 받았으나 막상 학교에 가니 아무 말도 할 수 없는 것이 당연했겠지요. 발도르프 학교는 자유롭고 아이들도 모두 온순해서 그런지 쉬는 시간마다 보디랭귀지로 아이들과 의사소통을 시작하고, 매일 아침이면 예쁜 여학생이 찾아와 함께 학교로 향합니다. 그렇게 아이는 행복한 나날을 보내기 시작했습니다.

한국말로 이렇게 운영되는 학교가 있으면 정말 좋겠다는 아이는 집에 돌아와 뜨개질을 하고, 조각칼로 나무를 깎아 목공 작품을 만들며 편안한 독일 생활을 하였습니다. 그러면서 시작된 사춘기! 한국과 다른 정서, 문화, 생활방식으로 아이는 서서히 혼란에 빠지고, 호기심 많은 나이라 이것저것 모든 것을 경험하고 싶고, 서서히 제 눈을 벗어나 변화를 시작했습니다.

어느 날 밤인가, 경찰서에서 전화가 왔습니다. "도르트문트 경찰서인데 당신 아들 이름이 xx 맞느냐."고. 그래서 "그렇다." 고 하니 "당신 아들이 기차 안에다 낙서를 하다가 걸려서 도르트문트 경찰서에 있으니 데리고 가라."고 합니다. 이제 막 독일어 코스를 끝낸 터라 무슨 말을 어떻게 해야 할지 몰랐습니다. 갑자기 생각난 단어 'Alleine Erzieungdemutter(알라이네 에어지웅데무터)'. 이 단어는 혼자 아이 키우며 사는 엄마를 일컫는 복합명사로, 독일 사회에서는 가장 불쌍한 그룹에 속하며 많은 복지 혜택과 함께 인정 넘치는 사람들의 동정 대상인 여자를 가리킨다고 배운 기억이 났습니다. 머뭇거리다가 용기를 내어 "저는 Alleine Erzieungdemutter(알라이네 에어치웅데무터)입니다."라고 하자 상대편의 전화음성이 갑자기 달라지며 "그렇다면 자동차는 있냐?"고 하더군요. "없다."고 하자 그럼 걱정하지 말고 아직 막차 시간이 여유 있으니 천천히 와서 아이를 데리고 가라며 친절하게 안내해주었습니다.

사실 자동차로 가면 15분이면 갈 수 있는 거리지만 기차는 매 40분마다 있기 때문에 많은 시간을 기다려야 하므로 아무리 급해도 빨리 달려갈 수가 없었습니다. 기차를 타고 경찰서에 가면서 무슨 말을 해야 할지, 무슨 단어를 사용해야 할지 부지런히 사전을 뒤적여보았습니다. 갑자기 어이가 없었습니다. 아이에 대하여 화가 나거나 걱정해야 할 텐데, 경찰서에 가서 할 얘기를 걱정하며 단어를 찾고 있었으니 말입니다.

경찰서에 도착하자 마치 예부터 무섭기로 유명한 게슈타포의 비밀경찰서처럼 육중한 철문이 자동으로 '윙-' 소리를 내며 열리자 아이가 철창에 갇혀 있습니다. 그것도 팬티만 입고서. 정말 어이가 없고 정신이 혼미해졌지만 이럴 때일수록 정신을 가다듬어야 한다는 생각에 내뱉은 말은 "미안합니다."였습니다. 그러자 경찰이 아이를 인도한다는 서류와 벌금청구서 밑에 서명을 권하며 말합니다.

"엄마는 미안할 것 하나도 없어요. 잘못은 아이가 한 것이니. 다만 아이가 아직 미성년자이므로 엄마가 와서 인도해가야 하는 것뿐입니다."

"……"

'아, 아이가 잘못했다고 엄마가 사과할 일이 아니었구나.'

아이는 아무도 없는 기차 안에서 한참 취미로 빠져 있던 그래피티를 의자와 기차 안 휴지통에 살짝 그려본 것이었답니다. 그런데 하필이면 검표원에게 딱 걸린 것입니다. 늦은 시간이라 검표원과 아이, 단 둘이서 기차를 타고 있었고, 아이는 검표원일 것이라고는 꿈에도 생각하지 못하고 맘껏 차 안에 그림을 그린 것이고, 그러다가 딱 걸린 것이지요.

음악적으로 예술적으로 재능이 있어 학교에서 절기마다 치루는 학예발표나 축제행사에 노란 머리 속에 까만 머리의 동양 남자아이는 바이올린 연주자가 되어, 오이리트미 공연자가 되어, 파란 눈의 아이들에게 관심의 대상이 되었습니다. 이곳 작은 도시 비텐에서 '단'을 모르면 간첩(?)이었으니 말입니다.

그러나 아이에게는 자유와 기쁨만이 있었고, 책임과 의무는 시간이 갈수록 점점 멀어져갔습니다. 아무리 자유로운 발도르프 학교이지만 책임과 의무라는 면에서는 한 치의 관대함도 없더군요. 발도르프 학교는 아이들에게 힘을 키워줍니다. 스스로 서고, 스스로 행할 수 있는 힘을 줍니다. 초등학교 1학년 때부터 발도르프 교육을 받은 아이들과 중간에 전학을 와서 학교생활을 하는 아이들과는 많은 차이가 있음을 아들과 함께 어울리는 아이들을 통해서 절실히 알 수 있었습니다.

책임과 의무를 강조하면서도 자유롭게 자신의 학교생활을 유지하는 친구들과 점점 멀어지면서 아들은 중간에 전학 온 아이들과 지내는 시간이 많아지고 나날이 책임과 의무에서 더욱 더 멀어지기 시작했습니다. 특히 나이가 한두 살 많은, 인문계 학교인 김나지움에서 전학 온 친구들과 어울려 주말, 주중 할 것 없이 밤거리를 헤매고 다니기 시작했습니다.

만 16세 이하의 청소년이 밤 10시 후에 돌아다니는 것도 이 사회에서는 허용되지 않으니 저의 불안과 노심초사는 끝이 없었습니다. 독일에서는 만 16세가 되면 남녀가 부모의 허락 없이 성관계를 가질 수 있는 것이 공공연한 사실로 받아들여지고 18세가 되면 대부분 부모를 떠나 독립된 생활을 합니다. 그 나이 이상인데도 부모와 함께 사는 경우는 특별한 경우라 할 수 있지요. 이렇게 정서적, 관습적 그리고 문화적으로 다른 사회에서 아이는 점점 이 사회의 일원이 되어가고 있었으나 자신이 해야 할 의무는 점점 더 잊어가고 있었습니다. 그러다 결국 담임선생님과 면담을 하게 되었고, 제가 한국으로 돌아가게 되면 부모 없이 아이가 학교생활을 독립적으로 하기는 어렵다는 결론과 함께 새로운 학교를 알아봐야 할 상황이 된 것입니다.

한국에는 절대 돌아가지 않겠다고 합니다. 몇 번의 한국행에서 많이 실망하고 돌아왔던 것 같습니다. 방학이라 한 번씩 나가면 친구들은 학원이다 보충학습이다 해서 방학에도 하루도 빠짐없이 그렇게 살고 있다고, 보는 것도 힘들었다고 했습니다. 심지어는 친한 친구가 이곳에 와서 우리 가족과 함께 프랑스 여행을 갔는데, 그 친구는 과외선생님이 내주신 숙제를 그곳까지

들고 와 호텔에서 문제풀이를 하는 것을 보고는 끔찍했던 모양입니다. 그러나 아무리 그래도 제 아들은 너무 노는 것만 좋아합니다. 저를 닮아서 그러니 어쩔 수 없지만, 아, 책 읽는 것도 무척 좋아합니다.

아무튼 스스로 공부하겠다고 마음먹을 때가 되면 할 것이라 생각해서 염려되는 것은 없었고, 엄격한 규율을 자랑하는 아일랜드의 가톨릭 기숙학교는 그동안 자유와 방종을 일삼았던 아들에게 좋은 경험일 수도 있을 것이라 생각했습니다.

1761년에 세워진 학교는 마치 해리 포터에 나오는 고성처럼 으스스하기도 하고 시설은 너무 낡아서 불편한 점이 한두 가지가 아니었음은 물론, 시골 농장의 한가운데에 있어 대중교통은 하루에 한 번 버스가 다니는 것이 고작이었으니 피 끓는 젊은 아이에게는 오죽 답답했겠습니까만 어찌 하겠습니까.

그럼에도 아이는 아일랜드 학교에 도착하자마자 더 이상 제게 눈길을 주지 않습니다. 언제 사귀었는지 신이 나서 아이들(함께 간 독일아이들)과 떠들고 제가 작별인사를 하려 찾았지만 어디 있는지 알 수 없어 간단히 편지만 써놓고 왔습니다.

"사랑하는 아들아~

엄마는 너를 믿는다.

이곳에서 행복한 너의 학창시절을 만들어보렴."

바지를 '똥구멍'에 걸친 힙합 전사

아이가 아일랜드 학교에 입학한 후 두 달 만에 방학을 맞아 집에 온다기에 서둘러 공항으로 마중을 나갔습니다. 그동안 어떻게 변했을지 약간의 설렘을 안고 출발했지요. 그런데 비가 많이 와서 고속도로 상황이 좋지 않아 비행기 도착 시간인 7시 50분보다 조금 늦은 8시 10분쯤 도착했습니다. 공항에 도착하여 전광판을 보니 비행기는 이미 7시 20분에 도착하여 짐도 다 내린 상태였습니다.

서둘러 입구로 가보니 아이는 귀에 이어폰을 꽂고 음악에 심취한 채 벤치에 앉아 있었습니다. 2개월 전이나 똑같은 모습입니다. 바지를 똥구멍에 걸친 것도 하나도 변한 것이 없습니다. 아무도 없는 공항에 혼자 앉아 있는 모습을 보니 왜 그리 애처롭게 느껴지는지 괜스레 마음 한구석이 저릿해졌습니다.

"단이야!" 하고 부르니 반갑게 돌아봅니다. 두 팔로 안으려 하니 부끄럽다는 듯 딴소리만 해댑니다. 엄마가 안 나오는 줄 알고 호텔에서 자려고 알아봤다는 둥 싱거운 소리를 해댑니다. 엄격한 학교생활이 진저리가 나서 집에 올 날만 손꼽아 기다렸을 아이, 하루에 한 번 시내에 나가는 아침 9시 30분 버스를 타고 나와 오후 5시 30분 비행기를 타기 위해 하루종일 커다란 트렁크를 들고 시내를, 공항을 서성거렸을 아이였지만, 그래도 좋다고 합니다. 그저 싱글벙글 입이 다물어지지 않습니다.

돌아오는 차 안에서 이런저런 이야기를 주고받다 보니 아이는 두 달 만에 훌쩍 커버린 어른 같았습니다. 학교 시설이 워낙 후져서 아빠가 겨울방학 때 와서 실망하고 자기를 한국으로 데리고 들어갈까봐 걱정(?)이라는 둥, 자기는 잘 적응하며 지낼 만하다는 둥 그동안 말벗이 많이 궁했던 모양입니다. 온종일 아침 한 끼만 먹었다고 해서 불쌍한 마음에 집에 도착하자마자 좋아하는 라면을 끓여주려 했더니 다니던 독일 학교에서 오늘 행사가 있다고 어느새 친구들과 통화를 하곤 외출을 한다고 합니다. 맥주 한 잔 하고 새벽 1시가 되어서야 들어오더군요.

저는 아이가 좋아할 만한 음식 재료를 잔뜩 사다가 냉장고에 저장해놓고 아이가 무엇을 요구하기만 하면 해줄 생각이었지만 그러나 아이는 맛난 한국 음식보다, 엄마와의 시간보다 친구와 함께하는 시간이 더 필요했던 것 같습니다.

'그렇지. 나도 그 나이 땐 친구가 더 좋았지.'

부모 마음과 아이 마음은 항상 다릅니다. 부모는 아이를 더 사랑해줘야 할 것 같아 끊임없이 아이에게 무엇이 필요한지 물어보고, 때로는 필요할 것이라 미리 판단하고 아이에게 그 무엇을 쏟아붓기도 합니다. 아이는 그 자신 안에 미래의 계획을 이미 갖고 있고 그것을 실현하는 방법도 스스로 알고 있는데, 부모는 왠지 미덥지 못해서 자꾸 잔소리를 하고 간섭하게 됩니다.

이렇듯 아이는 성장해가면서 부모의 사랑과 관심에서 친구와의 우정과 신뢰로 관계의 축을 이동하는 것 같습니다. 이제는 어쩌면 부모의 사랑보다는 친구와의 우정이 더 필요한 나이겠지요. 그 둘을 비교하는 것 자체가 아이가 커간다는 사실에 대한 질투일까요? 부모가 아닌 세상의 다른 사람과 신뢰를 쌓아가는 시간이 더 중요한 때가 온 것뿐일 테지만 말입니다.

아이를 너무 일찍 세상 속에 던져버려 애처로운 마음이 자꾸 드는 것도 그저 애틋한 부모의 마음이리라 생각됩니다. 아이를 키우며 부모님께서 저에게 가졌을 그 심정이 되어 그 마음을 헤아려봅니다. 부모 마음을 헤아리는 것, 사십이 넘어서 조금씩 철이 들어가는가 봅니다.

철들자 망령이라던데 걱정입니다. '망령' 부리게 될까봐.

터키 햇살 아래 우리 가족

남편은 한국에서, 아들은 아일랜드에서 저는 독일의 비텐안넨에서 각각 출발하여 크리스마스 전날 뒤셀도르프 공항에 대략 비슷한 시간에 도착! 바로 다음날인 예수님 생일날 우리 가족은 팔자에 없는 지중해 연안 터키의 남부 도시 안탈리아를 향하였습니다.

독일은 연 2주일 내내 햇빛 한 줄기도 볼 수 없던 낮은 구름이 덮인 하늘이었습니다. 정말이지 미칠 지경으로 햇빛이 그립고 또 그리웠습니다. 이렇게 날씨가 좋지 않으니 독일 내에는 심리적인 어려움을 겪는 사람이 많은 것 같습니다.

그동안 철없는 아내의 뒷바라지, 속없는 아들 걱정에 노인네가 다 되어버린 남편에게 졸업을 맞이하여 감사의 표시로 '독일과 한국의 발도르프 학교 수공예 작품 전시' 기획을 해서 번 돈과 그동안 장학금, 생활비를 아껴 틈틈이 모은 것을 한입에 털어넣기로 하고 터키 여행을 계획했습니다.

사실 우리 가족이 함께 여행할 수 있는 마지막 시간일 것이라는 생각이 더욱 컸습니다. 아이는 나름대로 아일랜드 생활에 적응하고 있고, 저는 저대로 다시 한국으로 돌아가게 되면 발도르프 특수학교 설립에다 새로운 캠프힐 공동체 일에 매달리게 될 텐데, 남편 얼굴이나 제대로 볼 수 있을지 모를 일이고 한가하게 여행할 시간도 없을 터이니 말입니다. 이유야 여러 가지겠지만, 가장 단순한 이유는 어디든 '떠날 수 있을 때 떠나고 즐길 수 있을 때 즐기자.'였지요.

아침 햇살이 눈이 부셔 더 이상은 잠을 잘 수 없었던 게으른 우리 식구들, 간신히 일어나 눈곱 떼고 터키의 시데Side라는 곳을 향해 출발했습니다. 별 다섯짜리 호텔에 비행기와 모든 것이 포함된 가격이 그리 비싸지 않았습니다. 아침식사부터 틈틈이 간식, 점심 뷔페에는 지중해성 기후의 화려한 채소가 조화를 이룬 식단, 저녁의 만찬과 함께 야간에는 바에서 제공하는 맥주와 밤참, 편의 시설 등 지금껏 누려보지 못했던 편안함이 한동안 헤어졌던 우리 가족의 외로움을 씻어주기에 충분했습니다.

로마 제국이 지중해 여러 나라를 제패했던 전성기에 시대의 이 해변에 닻을 내리고 거대한 규모의 도시를 건설하였답니다. 그러나 그 로마 제국도 멸망하고 오스만 트루크족이 들어서면서 그들의 문화양식은 괄시를 받아오다 오늘날에 와서는 과거의 영광을 보여주는 웅장한 기둥만 남아 있고, 여기저기 역사의 파편인 대리석만이 뒹굴러 다닙니다.

화강암인지, 대리석인지 어느 건축물의 부분이었을 텐데 카페테리아의 장식품이 되어버렸더군요. 개인이 주워서 자신의 정원에 들여다 놓은 조각품들도 상당하다고 합니다. 비록 늦었지만 최근 들어서 터키 정부에서는 그러한 행위를 금지하기 시작했다고 하더군요. 우리 나라도 그렇지만 해변의 좋은 자리는 레스토랑과 카페가 차지하고 있습니다.

오랜 세월 무수한 관광객들의 발자국으로 생긴 오솔길을 따라 잡초만 무성한 옛 도시를 걸었습니다. 로마 제국의 위세가 하늘을 찌르던 시절을 상징하는 구조물이 앙상한 뼈대만 남아 여전히 하늘을 향하고 있건만, 현재를 사는 사람들의 무관심은 우뚝 서 있는 유적을 더욱 초라하게 합니다.

정교한 화강암 조각을 보며 이런 것들이 이탈리아나 로마에 있었다면 극진한 대접을 받았을 텐데 생각하며 물건이나 사람이나 놓일 자리에 놓이는 것도 우연만은 아니겠다는 생각도 잠시 해보았습니다. 돌 하나하나를 예쁘게 깎고 다듬어 쌓아 올렸을 이 땅에 살았던 사람들이 세월이 흘러 그 건축물이 이리될 것이라고 상상이나 했을까요? 국가와 민족의 흥망성쇠와 함께 개인의 예술혼도 그렇게 스러져간다고 생각하니 왠지 모를 패전국에 대한 연민이 솟아났습니다.

이슬람 국가인 터키의 사람들은 참 순수하고 진실한 것 같습니다. 항상 많은 관광객들이 오가고 있어 관광지 나름대로 자본주의적인 상술이 있을 텐데 어떤 사람도 우리에게 바가지를 씌우려 하거나 속이려 하지 않았습니다. 길을 물으면 우리네 70년대의 순수한 모습으로 직접 자기를 따라오라며 안내해주더군요. 또 제가 오렌지를 사려고 하는데, 1킬로그램이 안 되니 더 담으라 해서 잘 익어 보이는 오렌지를 넣었습니다. 그러자 가게 청년은 그것은 너무 많이 익어서 상했다며 다른 것을 넣으라 합니다. 자신이야 주인으로서 오렌지를 팔면 그만인데 말입니다.

시데의 햇살을 받는 두 남자, 터키

버스를 탔을 때, 사람이 너무 많아서 차비를 줄 수가 없자 모두들 자신의 차비를 앞사람에게 건네고, 또 다음 사람에게 건네고, 그렇게 운전사에게 차비가 건네집니다. 거스름돈도 운전사 옆 사람에게서 계속 전해져서 큰 돈을 낸 사람에게 전해집니다. 참 아름다운 풍경입니다. 서로에 대한 믿음과 신뢰가 큰 사회라 생각했습니다. 그 배경에는 자신들의 종교인 이슬람교에 대한 꽤나 투철한 신념이 있는 듯했습니다.

우리 나라의 제주도 같은 아름다운 터키 남부의 해변 안탈리아에서 보낸 시간은 햇빛과 아름다운 사람들에 대한 기억으로 가득했습니다.

딩글 캠프힐 주변 전경, 아일랜드

자기 삶을 찾아 떠나는 아들 뒤에서

방학을 맞이하여 온 아들과 한 주일을 보내고 이제는 당분간 얼굴을 볼 수 없게 되었습니다. 삼겹살을 구워 맥주 한 잔 앞에 놓고 낄낄거리며 함께 밥을 먹을 날이 적어도 내년 여름이나 되어야 할 것 같습니다.

2주일간 아일랜드의 서해안 끝 바닷가에 있는 캠프힐(장애인 공동체)에서 실습을 하고 학교로 돌아갈 예정입니다. 그렇게 좋아하는 독일에서 실습을 하고 싶어했지만, 여전히 독일에만 오면 뭔가에 홀려 새벽을 벗 삼아 밤이슬 맞으며 떠다니는 아이가 영영 아일랜드에 정을 못 줄 것 같아 타협을 시도했습니다.

아이의 입장에서는 그럴 만도 하겠지요. 낯설고 물설고 누구 하나 아는 사람이 없으니 말입니다. 실습기간을 맞이하여 집에 오자마자 자그마치 열세 군데의 캠프힐에 열심히 전화를 한 결과 한 군데에서 오라는 허락을 받았다 합니다. 아일랜드 더블린 공항에서 내려 여덟 시간 고속버스를 타고 가야 하는 해안가 어딘가에 있는 '딩글Dingle' 캠프힐이라고 합니다. 스스로 신청서 써서 보내고, 전화로 준비과정을 체크하는 것을 보니 이제는 더 이상 아이 걱정 할 필요가 없다고 생각했습니다.

독일에서의 실습을 포기하고 아일랜드로 떠나는 날 아침. 기름값을 절약하기 위해 기차역에 차를 두고 공항으로 가는 기차를 타려는데 등교하는 발도르프 학교 친구들이 우루루 내립니다. 아이는 승차하고 친구들은 하차하고, 서로 이름을 부르며 반가워했건만 짧은 만남 뒤로 속절없이 기차 문이 닫히고 말았습니다. 아이의 콧등이 빨개집니다. 그것을 지켜보는 저도 괜히 심란해집니다.

어제 짐을 싸고 새벽 5시에 잠이 들었으니 피곤하기도 하겠지요. 기차를 타자마자 곯아떨어집니다. 자는 모습을 지켜보는 나의 눈이 촉촉해집니다. 아이는 이별의 아픔을 잠으로 대신하려는지 정신없이 더 깊은 잠을 청합니다.

비행기 좌석표를 받고 마지막으로 커피 한 잔을 앞에 놓고 앉았습니다. 둘 다 말없이 침묵이 흘렀습니다. 제가 먼저 침묵을

깼습니다. "그래, 어디서든 잘 살렴." 갑자기 눈물이 앞을 가립니다. 독한 엄마의 눈물에 당황한 아이는 어쩔 줄 모릅니다. 오히려 저를 위로하느라 정신이 없습니다. "또 볼 텐데…… 왜 그래?"

마지막 포옹 후, 아이의 모습이 사라질 때까지 눈물이 멈추지 않습니다. 늙었나 봅니다. 어떤 이별에도 운 적이 없었고, 오히려 아이가 그렇게 자기 삶을 찾아가는 것이 당연하다고 생각했건만 어느 한구석 약한 곳이 자극을 받은 것 같습니다.

저의 어머니가 오랜만에 찾아가는 저를 보기만 하면 눈물 바람입니다. 만날 때나 헤어질 때나 눈물입니다. 그것이 참 싫었지요. 나도 민망하고, 그렇게 눈물을 흘리는 엄마의 늙음을 인정하고 싶지 않았는데 말입니다.

이제 노모의 눈물을 훨씬 더 많이 이해하게 되었습니다. 오늘 아들과의 이별을 통해서 '부모란 그런 존재인가 보다.' 생각했습니다. 이제야 철이 드는 듯합니다.

집에 돌아와 냉동실을 열었더니 그곳에는 아이가 먹다 남겨 놓은 아이스크림이 잔뜩 있습니다. 또 눈물이 나오려 합니다. 오늘은 나도 인정 많고 가슴 따뜻한 엄마임을 스스로 증명한 날입니다.

이 글 쓰면서도 또 눈물이 흐릅니다.

아들아, 그동안 많이 내려왔구나, 땅으로

독일에서 발도르프 학교를 다니다 숱한 사연을 안고 아일랜드 학교로 옮긴 아들과 지난번에 헤어질 때는 한동안 못 볼 것 같았는데 또 독일에 왔습니다. 아일랜드는 이번 주에 국가공휴일이 많아 한 주일 정도 연속으로 쉰답니다. 캠프힐로 떠나는 엄마를 위해 이삿짐 싸는 것도 도와줄 겸 온 것입니다. 무색하게도 다시는 못 볼 것 같아 눈물 콧물 범벅의 이별을 했는데 3주 후에 다시 만난 거지요. 그러고 보니 꽤나 자주 오는 것 같습니다.

아일랜드의 해안가에 위치한 딩글 캠프힐

아일랜드 교육과정 중에서 사회실습과정이 있어 제가 추천한 아일랜드 장애인 공동체인 딩글 캠프힐에 실습 신청을 하고 그곳에 다녀온 후 바로 단기 방학을 맞이한 것입니다.

공항에서 픽업해오면서 3주간 캠프힐에서 지낸 일이 제일 궁금했습니다. 처음 농장에서 일하는 것이 힘들어 2주만 한다던 아이가 그곳의 뭐가 매력이 있었는지 한 주일을 더 있겠다고 허락을 받고 3주일간 머물렀다고 합니다.

첫 일주간은 밥 먹고 본바겐Wohnwagen(자동차에 달린 숙소)에서 혼자 저녁시간을 보냈는데, 그곳의 하우스를 관리하는 아줌마가 캠프힐은 그런 곳이 아니라며 저녁시간에 그곳의 장애인과 함께 어울리며 보내는 것이라 했답니다. 그래서 저녁을 먹고 나서 그곳에 사는 장애인들과 기타 치고 노래도 부르며 시간을 보냈다고 합니다. 한 뇌성마비 장애인이 기타를 배우고 싶어했는데, 손이 너무 경직되어 도저히 가르쳐줄 수 없어서 안타까워하며 화음 넣는 것만 가르쳐주었다고 합니다. 그곳에서 만난 장애인에 대한 이야기를 지칠 줄 모르고 합니다. '그동안 또 많이 내려왔구나. 땅으로, 현실세계로…….' 많이 대견스러웠습니다.

그러면서 이번에는 오히려 저를 걱정됩니다. 우선 독일의 짐 중에서 일부를 한국으로 보내고 나머지는 임시 창고에 보관하고, 영국 스코틀랜드 캠프힐로 가기 전에 며칠 보낼 곳이 마땅치 않다는 얘기를 듣고는 그럼 어디서 머물 것인가 묻습니다. "글쎄? 자동차에서 잘까?" 했더니, "엄마는 왜 인생을 그렇게 살아?"라며 한심하다고 구박을 합니다. 어떻게 잠자리도 마련해놓지 않고 그렇게 무대책이냐고 몹시 진지하고 걱정스럽게 되묻습니다. 정말 적반하장도 유분수지요. 그동안 제 아들이 한 것을 생각해보면 말입니다. 저는 재미있기도 하고 어이가 없기도 하여 삐딱하게 나갔지요. "일부러도 못하는데, 상황이 그렇게 되었으니 이번 기회에 그것도 경험하면 어떠냐?"고 하니, "참, 좋은 경험 찾아서 한다."며 더 한심하다는 듯 대꾸합니다. 그리고 또 질문합니다. "한국 가면 어디서 살 거야?" "음, 잘 모르겠는데?" "엄마 맞아? 엄마는 왜 그렇게 점점 이상해져? 왜 나 닮아가?" 하며 혀를 끌끌 찹니다.

농장 일을 하다가 그곳의 또래 동료와 돌고래가 헤엄치는 해안가에서 암벽 타기 한 얘기며, 밤새도록 우박이 떨어져 본바겐에서 한잠도 못잤던 얘기며, 해안가 바람이 너무 세서 자전거를 타고 언덕을 올라갈 때 페달을 밟지 않아도 저절로 올라갔다는 '구라' 등등 얘기가 꼬리에 꼬리를 물고 이어집니다. 청소년기의 특징인 정신적으로, 신체적으로 자신의 한계를 실험하고픈 끊임없는 욕구를 그곳에서 맘껏 펼치고 온 것 같았습니다.

집에 돌아와 허겁지겁 라면을 끓여서 맥주 한 잔 앞에 놓고 그렇게 밤새도록 수다를 떨었습니다. 한국정치 얘기, 세상 얘기, 활동 중인 모임 얘기, 그러다 인지학 얘기를 하면 꼭 딴청을 부립니다.

'아이들은 이렇게 커가는구나. 기다려주어야 하는구나. 때가 되어야 하는구나. 아이들을 키우는 데 억지로 되는 것은 아무것도 없구나.' 그동안 제 앞으로 날아온 아이의 법규 위반 딱지 납부영수증을 쓰레기통에 던지며 그 값을 이렇게 치러야만 함을 확인했습니다.

알프스 도보 여행 중인 반즈벡 루돌프 슈타이너 학교 학생들

한국으로 꼭 돌아가야 할까?

이곳 독일에서 공부하고 있으니 한국의 옛 동료, 친구, 지인들이 유럽 여행차 와서는 제게 머물고 갑니다. 와서 모두들 한마디씩 합니다.

"공부 마치면 복잡한 한국에 뭐 하러 와? 이곳에서 살면 좋겠다. 한국에는 아직 발도르프 학교뿐 아니라 장애 아동을 위한 특수학교도 없고 하니 누가 세울 때까지 이곳에서 일하면서 나중에 세미나 같은 것 하면 와서 강의나 하고……."

저를 생각해서 하는 말이겠지만, 참 듣고 있으면 편하지 않습니다. 물론 사람이 어디서 사는가가 뭐가 그리 중요하겠습니까. 이곳에도 장애 아이들을 가르치는 특수학교 교사가 부족한 상황인지라 외국인이라도 발도르프 특수학교에서 가끔 변호사까지 사가면서 비자 문제를 해결해주는 곳도 있으니 말입니다. 독일의 외진 시골에 있는 장애학교에는 교사가 부족한 상황이라고 합니다.

실제로 젊은 사람들 가운데는 공부를 마치고 한국으로 돌아가는 사람이 많지 않습니다. 이곳에서 독일 친구를 사귀어 결혼해서 정착하거나, 한국에 돌아가 개척자로서 새로운 시작을 구상하고 싶은 사람이라도 어렵게 준비한 배움의 길에 대한 열정으로 좀 더 다른 것을 배우고 돌아가고 싶은 마음에 비자를 연장하게 되기가 일쑤입니다. 저 역시 더 배우고 싶은 분야가 많이 있습니다만, 그럼에도 불구하고 제가 한국으로 꼭 돌아가야 하는 이유는 일종의 약속을 지키기 위함입니다. 지금은 어떤지 모르겠지만, 최소한 5년 전 우리 사회는 장애인뿐 아니라 소수의 약자에게 너무 불공평한 사회였습니다.

교사인 저에게 상담을 하는 어머니들은 말도 되지 않는 주변의 괴롭힘으로 자신을 질책하고 자신의 처지를 한탄하거나 비탄에 빠져 있었습니다. 시댁의 따가운 시선, 친정의 일방적인 동정어린 시선, 더욱 나쁜 것은 자신 때문에 아이가 장애를 갖게 되었다는 자책감으로 상담을 마치고 눈물짓고 돌아서는 장애아를 가진 엄마들, 그분들의 눈물은 끝이 보이지 않았습니다.

자녀가 어려서 그런가 했는데, 아이가 고등학생이 되어도 마찬가지였습니다. 왜냐하면 아이들이 학교에 다니고 있는 학령기에는 무상교육이다, 의무교육이다 해서 편안하게 학교에 잘 다닐 수 있지만, 막상 고등학교를 졸업하고 나면 달리 갈 곳이 없기 때문입니다. 취직을 하기에는 뭔가 부족하고, 그렇다고 그들만의 작업장은 존재하지 않고, 지역의 복지관은 이용시설이기 때문에 여러 장애 아이들에게 골고루 혜택이 주어져야 한다는 이유로 졸업하고 1~2년을 이용하면, 더 이상 참여할 수 있는 프로그램이 없어집니다.

생각다 못해 방학 때마다 뜻 맞는 동료교사, 부모님들과 함께 전국의 장애인 시설을 스케줄 잡아서 돌아다녔습니다. 그러나 '내가 만일 장애 아이를 가진 부모라면 안심하고 아이를 맡기고 눈 감을 수 있겠다.' 하는 곳은 발견할 수 없었습니다.

저와 함께 견학을 다니던 부모님들도 자신들이 직접 시작하는 것이 차라리 좋겠다며 그리 하신 분들도 계셨습니다. 전 재산을 털어서 생활 기반을 바꾸는 일도 주저하지 않았습니다. 그러나 그것도 정말 쉬운 일이 아니었습니다. 장애 아이 하나를 위해 온 가족이 희생을 해야만 가능한 일이지요.

처음에는 교사로서 아이들의 교육만이 눈에 보였습니다. '좋은 교사로, 아이들을 제대로 가르쳐야지.' 하는 생각만 했습니다. 그러나 나이가 들면서 삶이 보이자 아이들의 삶을 전체적으로 보지 못하면서 교사로서 아이들 앞에 서는 것이 얼마나 얕

캠프힐에서 온 편지

2부

게 보고 눈앞의 것만을 보는 것인지 그 오류를 심각하게 느끼게 되었습니다.

인지학에서 슈타이너는 '인간은 한 개인으로서 자기 자신의 과제를 알아야 할 뿐만 아니라 자기 민족, 자기 인종의 과제에도 의식적으로 종사해야 한다.'고 했습니다. 왜냐하면 개인이 자신이 살고 있는 시대정신에 영향을 받듯이 민족 역시 그 민족의 역사 속에서 시대정신을 창조해내고, 인종 역시 마찬가지로 거대한 세계 속에서 인류의 성장과 발전 관계에 놓여 있기 때문이지요.

어찌 보면 개인이란 이러한 가족, 민족, 인종의 과제를 실현하는 도구일 수 있다는 것입니다. 좀 더 심하게 말하면 그 민족의 과제를 실현하기 위해 한 개별 인간을 이용한다는 말이 옳을 것입니다. 물론 이러한 전제는 개인의 자유 및 권리와는 별도의 이야기입니다.

각설하고, 언젠가 공부를 마치면 한국으로 돌아갈 예정입니다. 조급한 것은 아니지만 지금부터 뭔가를 해야 하는데 떨어져 있는 거리만큼이나 답답한 마음이 앞서는 것은 사실입니다.

저는 제 앞에서 눈물짓던 그 부모님들을 잊을 수 없습니다. 그분들과 계약서에 서명한 약속이 아니기에 그 약속이 요즘 들어서 더 생생하게 기억되어 다가옵니다.

먹을거리를 생산하는 캠프힐 농장, 독일 위버링엔의 보덴제 캠프힐

최초의 캠프힐 학교 캠프힐 이스테이트Camphill Estate의 현판, 스코틀랜드 애버딘

발도르프 아줌마, 캠프힐로 가다

나이 사십에 지구가 둥글다는 것을 밟아서 안 후에야 세상에 대한 두려움이 사라지기 시작했을까요? 연이어 또 다른 여정을 준비합니다. 제가 향하는 곳은 다름 아닌 소문으로 무성히 듣던 장애인들의 생활 공동체인 '캠프힐Camphill'입니다. 과연 그곳에서 값진 체험을 할 수 있을지 어떨지 졸업을 앞두고 미리 캠프힐 공동체를 한 주일간 방문해보았습니다. 그곳의 사람들은 어떻게 살고 있는가, 장애인들은 그 속에서 행복한가, 함께 사는 비장애인들도 그들과 삶의 궤적을 같이 하고 있는가 온갖

것들이 궁금했습니다.

떠나기 전 캠프힐에 관한 다음과 같은 사항들을 알아보았습니다. 캠프힐이란 어떤 공동체이며 그곳에서 무엇을 하는가?

캠프힐의 역사

캠프힐은 장애인을 위해서 만들어진 생활 공동체입니다. 1940년 영국 스코틀랜드 지방의 애버딘에 처음 설립되었고, 현재 100여 개의 공동체가 세계 각국에서 운영되고 있답니다.

처음 설립된 캠프힐은 장애 아동을 위한 학교Camphill Rudolf Stiener School(여기서 루돌프 슈타이너 학교와 발도르프 학교는 같은 뜻이다.)로서, 칼 쾨니히Karl König 박사가 인지학에 깊이 영향을 받아 그 철학을 바탕으로 설립한 장애인 공동체였습니다.

칼 쾨니히는 19세 무렵 루돌프 슈타이너의 인지학을 의학박사들과 함께 공부하기 시작하였고, 그 이후로 인지학 사회Anthroposophical Society의 회원으로 활동합니다. 그리고 졸업 이후 스위스의 인지학 병원Anthroposophical Clinic에서 일을 하게 되는데 그가 병원에 처음 방문하던 날은 예수 강림절(성탄절 이전의 4주 동안, 예수의 강림을 기다리는 축제로 대림절이라고도 한다.)이었습니다. 그는 이때 장애 아동들이 촛불의식을 하는 모습을 보고 깊은 감동을 받아 자신의 일생을 장애 아동들에게 헌신하리라 결심했다고 합니다.

칼 쾨니히 박사는 오스트리아 출신의 유태인으로 2차 세계

칼 쾨니히가 처음 둥지를 틀었던 캠프힐 이스테이트 루돌프 슈타이너 학교, 애버딘

대전 중, 뜻을 같이 하는 동료들과 히틀러의 유대인 학살정책을 피해 영국의 스코틀랜드로 피난을 가게 됩니다. 쾨니히는 의학 박사로서 병원과 특수교육 센터에서 풍부한 경험을 갖고 있었습니다. 스코틀랜드의 애버딘에 정착한 그는 학살정책을 피해온 이민자로서의 삶보다는 그곳에서 장애인을 위한 공동체의 필요성을 절실히 느끼게 되었답니다. 쾨니히 박사는 장애인들이 사회 변화에 커다란 영향을 미칠 것이라고 생각했는데, 왜냐하면 장애인을 돌보는 일은 자기 자신보다 상대방을 고려하는 일이기 때문이라고 생각했습니다. 이 같은 생각으로 그는 영국 애버딘에 최초의 캠프힐을 설립하게 되었고, 이는 세계 캠프힐 운동의 출발이 됩니다.

인지학과 캠프힐

그렇다면 루돌프 슈타이너의 철학이란 무엇이며, 캠프힐 설립에 어떤 영향을 미쳤을까요?

인지학에서는 인간을 태어나서 죽을 때까지의 존재로만 보는 것이 아니라, 영원한 정신적인 존재로서 탄생 이전부터 존재했고 사망 이후에도 존재한다고 봅니다. 모든 인간은 눈에 보이는 신체와 마음을 떠나서, 하나의 정신적인 존재라는 견해를 갖고 있습니다. 장애는 불운이나, 우연히 사람들에게 주어지는 것이 아니라 장애인 본인에게 그리고 장애인과 함께 살아가는 사람들에게 커다란 의미를 지니고 있다는 것입니다. 그리하여 슈타이너는 다음과 같이 역설합니다.

다운증후군 아이와 함께 있는 칼 쾨니히

> 장애 아동을 가르치고 치료하는 사람들은 장애 아동의 운명에 관여하는 것이다. 그리고 이러한 관계는 '새로운 운명Karma'을 가져온다.

칼 쾨니히 박사는 다음과 같은 점을 지적하였습니다.

> 우리가 장애인들을 있는 그대로 바라보고, 대하게 되면, 결국 우리는 장애인들에게 좋은 영향을 줄 수 없습니다. 우리가 장애인

들은 '어떠해야 한다.'고 바라보았을 때, 장애인들을 참되게 도와줄 수 있고, 장애인들은 변화하게 됩니다. …… 우리가 우리와 다른 모습을 하고, 다르게 생각하는 장애인들을 만나면, 연민과 반감을 느끼게 됩니다. 하지만 우리가 장애인들에게서 우리 자신의 모습을 발견하게 될 때, 겸손한 마음이 생겨나고, 우리는 그들을 참되게 도와줄 수 있습니다.

발도르프 특수교육(치료교육)이란?

캠프힐 학교에서 실행되는 치료교육Curative Education은 독일에서 처음 쓰인 단어로 특수교육Heilpädagogik이라는 의미입니다. 치료교육에서는 우리가 말하는 '정상'을 균형이 잡힌 저울에 간주하고, 장애를 '균형'을 잃은 저울로 봅니다.

자폐증을 예로 들어본다면, 자폐 증상을 가진 아동은 '사회성'이 부족하고, 혼자 있기를 좋아하고, 필요한 것이 있을 때를 제외하고는 다른 사람에게 말을 하거나, 눈을 마주치는 일이 드물지요. 다시 말해서, 저울 양쪽의 '사회성(다른 사람들과 함께 있으려는 경향)'과 '고독(혼자 있으려는 경향)' 사이의 균형을 잃어버려서, '고독'의 무게가 '사회성'의 무게를 짓누르는 셈입니다.

그에 비해, 다운증후군은 어떤가요? 자폐증을 설명하면서 항상 짝꿍처럼 따라다니는 것이 다운증후군입니다. 다운증후군은 자폐증과 대조적입니다. 다운증후군이 있는 사람들은 일반적으로 사회성이 지나쳐 다른 이와의 경계를 인식하지 못합

음악 치료에 사용되는 악기들
1 가장 많이 사용되는 리코더들
2 현악기들(변형 라이어, 첼로, 바이올린 등)
3 타악기들

머틀 캠프힐의 아름다운 공동체, 애버딘

니다. 다운증후군 친구들은 낯을 전혀 가리지 않거니와 항상 밝고 명랑할 뿐 아니라 붙임성이 좋아 심지어 '학급의 꽃'으로 여겨집니다. 물론 자폐나 다운증후군이라는 범주로 이들을 이해하는 데는 많은 함정이 도사리고 있지요. 모든 다운증후군 장애 아동이, 모든 자폐 아동들이 이 같은 경향을 지니고 있지는 않습니다. 간혹 다운증후군이라도 사회적 경계를 인식하여 매우 독립적인 아동이 있는가 하면 자폐 아동이지만 사회성이 웬만하여 다른 사람들과의 관계를 조화롭게 이루어나가는 아동 또한 있기 마련입니다. 그렇기 때문에 반드시 개별 아동의 특성을 전제로 한 장애 특성을 이해하려는 노력이 특히 이 분야 관련 종사자들에게 필요합니다.

특수교육(치료교육)이란, 앞에서 예로 든 것처럼 장애인들이 가지고 있는 이러한 불균형을 균형으로 바로 잡아주는 '인간의

캠프힐 이스테이트 루돌프 슈타이너 학교의 이모저모. 스코틀랜드 애버딘

1 아동 공동체에서 일하는 코워커들
2 캠프힐 개척자들의 묘비
3 캠프힐 학교 내의 어린이 아지트
4 여섯 살에 죽은 장애 아동의 죽음을 기리기 위한 건물 벽화

태도'라고 할 수 있습니다.

발도르프 특수교육은 크게 나누어 치료, 교육, 공동체라는 요소를 가지고 있습니다.

1. 치료 학교 내의 전문의와 교사, 협력자, 치료사들이 함께한 모임에서, 장애 아동의 치료를 결정합니다. 말하기, 승마 치료, 미술 치료, 음악 치료, 놀이 치료, 오이리트미(치료 오이리트미) 등의 치료가 있습니다.

2. 교육 발도르프의 교육과정에 맞춰 연령에 따라서 학급에 속해 교육을 받게 되며, 고학년(우리 나라로 치면 고등학생)이 되면 작업장에서 목공예, 금속 공예, 지점토 공예, 베틀 짜기 등의 교육을 받게 됩니다.

3. 공동체 모든 아동들은 학교 내 공동체의 일원이 됩니다. 부모가 아동을 돌볼 능력이 없거나, 양부모가 없는 경우에는 학교 내의 가정에서 코워커Co-Worker(단기 자원봉사자)와 함께 가족 공동체에서 살게 됩니다.

캠프힐의 가족 공동체, 즉 하우스House는 흔히 생각하는 피로 연결된 가족과는 다르지만, 이들은 '정신'으로 연결된 가족이 되는 셈이지요. 장애 아동은 하우스에서 코워커들과 너붙어 살면서 소속감을 느끼게 됩니다. 코워커들은 하우스에서 장애인의 형제, 자매 역할은 물론, 부모 역할까지 합니다.

이렇게 캠프힐에 대한 사전조사를 마쳤으니, 이제 보따리를 싸고 새로운 여정을 시작하려 합니다.

갈매기가 날아다니는 애버딘 시내

크로프트 하우스의 새 식구들

새벽 다섯 시에 집을 나서, 비행기로 독일의 북쪽 끝에 있는 뤼베크 공항에 도착하여 버스로 갈아타고, 저녁 6시가 되어서야 스코틀랜드의 해안 도시 애버딘의 버스 터미널에 도착했습니다. 제가 6개월간 살게 될 하우스House(캠프힐의 가정 공동체 단위)의 하우스 마더House mother 아스트리가 한 시간 이상 연착에도 아랑곳없이 무던히 저를 기다려주었습니다. 첫인상이 매우 강직해보이는 그녀는 약간 상기된 모습으로 서둘러 저를 주차장으로 안내하고 뉴튼 디Newton Dee 캠프힐을 향해 출발합니다.

이 버스 터미널은 스코틀랜드의 동남쪽 끝 바닷가에 있기 때문에 갈매기가 끼룩끼룩 날아다닙니다. 시내버스 사이를 날아다니는 갈매기 떼가 묘한 조화를 이루는 풍경입니다.

자동차 안에서 아스트리는 열심히 내가 기거할 하우스의 빌리저Villager(마을사람이라는 뜻으로 캠프힐의 각 하우스에 거주하는 장애인)에 대해 일일이 설명합니다. 그리고 자신도 독일 사람이지만, 하우스의 가족들은 제가 하루빨리 영어를 잘 할 수 있도록 최대한 돕기로 했으므로 가급적 독일어 사용을 자제하자는 말을 잊지 않았습니다.

크로프트Croft('작은 정원'이라는 뜻) 하우스에는 성인 빌리저 세 명과 하우스 페어런츠House parents(각 하우스에서 부모 역할을 하는 코워커)가 함께 살고 있답니다. 빌리저로 정신지체와 히스테리 증세를 보이는 예순다섯 살의 로즈마리, 난청과 정신지체, 뇌성마비 중복장애를 지닌 쉰네 살 아줌마 데비, 자폐증의 예순다섯 살 도널드, 그리고 세계 곳곳의 캠프힐 설립을 계획하고 설계하는 건축가인 블라디미르와 부인 아스트리가 하우스 페어런츠로서 함께 살고 있습니다. 하얀 수염과 머리가 성자 같은 러시아 출신의 블라디미르는 내가 이곳에서 최대한 편안하고 행복한 시간을 보냈으면 좋겠다고 환영인사를 하며 무엇이든 불편한 것, 필요한 것은 요구하고, 함께 만들어나가자고 합니다.

사방에서 햇빛이 들어오는 넓은 방에는 출발하면서 부쳤던 옷과 책이 이미 도착해 있었으며, 나의 전임 코워커(캠프힐 공동

뉴튼 디 캠프힐의 크로프트 하우스와 빌리저들(왼쪽부터 데비, 로즈마리, 도널드)

체에서 일하며 거주하는 비장애인)로서 이 방에 묶였던 요하네스라는 친구가 다음에 올 사람을 위해 초콜릿을 예쁘게 포장해서 책상 위에 놓아두었습니다. 이렇게 이들은 늘 보이지 않는 사랑의 끈으로 이어짐을 가슴속에 새기며 사는 여유로운 사람들이라 생각했습니다. 요하네스는 열아홉 살의 독일 청년으로 발도르프 학교 출신이었으며 이곳 코워커들에게서 많은 사랑을 받았던 적극적이고 좋은 청년이었다고 합니다.

짐을 풀고 예쁜 침대에 누워 빗방울 소리를 듣다가 온종일 끙끙거리며 옮겨온 작은 하프 '라이어'를 튕기며 평화로움이 가득 넘치는 스코틀랜드에서의 첫날 밤을 보냈습니다.

크로프트 하우스의 뒤뜰, 뉴튼 디 캠프힐, 애버딘

내가 제일 영계랍니다

아침에 일어나 거실에 나가보니 도널드가 벌써 포리 죽을 끓여놓았습니다. 하우스 페어런츠 아스트리와 블라디미르는 매주 금요일, 아침 식사를 하면서 공부를 한다고 합니다. 저와 나머지 식구들은 간단히 식사기도를 한 후 도널드가 만든 포리 죽과 데비가 준비한 과일 차와 홍차를 곁들여 아침을 먹었습니다. 제법 맛이 있습니다. 이들은 오랫동안 캠프힐 공동체에서 생활하면서 자신들이 책임지고 하는 일들을 매일 반복적으로 배워서 누가 뭐래도 자신의 책임을 다하며 살고 있습니다. 밥을 먹

모벤 하우스, 크로프트 하우스의 이웃집, 뉴튼 디 캠프힐, 애버딘

고 나면 아스트리, 블라디미르, 나, 그리고 빌리저 세 명이 함께 후다닥 단 5분도 걸리지 않고 뒷정리를 끝냅니다.

식사 후 하우스 마더 아스트리는 캠프힐 공동체의 다른 집과 작업장을 방문하여 그곳에 사는 사람들에게 일일이 나를 소개해주었습니다. 모두들 따뜻한 미소로 맞이해주었습니다. 누구보다도 카페테리아에서 일하는 사람들이 다음 주부터 오후에 내가 와서 일을 돕는다고 하니 더욱 반기고 환영하는 분위기였습니다. 카페테리아는 캠프힐 공동체 사람들뿐 아니라 외부의 애버딘 지역 사람들도 와서 회의도 하고 점심도 먹고 차도 마시는 편안한 장소랍니다. 그야말로 지역사회와 장애인 시설이 조화롭게 공존하는 전형적인 모습이라 생각했지요. 앞으로 카페테리아를 어떻게 운영하는지도 제대로 배워 한국에서 활용해볼 예정입니다.

점심을 먹고 난 후에는 라이어를 연주했습니다. 라이어 소리가 방안을 가득 메우자 지난 한 주간 독일에서 짐 정리하느라고 쌓였던 피곤과 여독이 스르르 사라지는 느낌입니다.

아스트리는 기회가 날 때마다 열심히 캠프힐의 역사를 설명해주었습니다. 그녀는 1968년부터 지금까지 세계 곳곳의 캠프힐을 다니며 그곳의 설립을 도와주는 일을 해왔다고 합니다. 그녀의 남편은 남편대로 건축을 하고, 그녀는 사회복지사로서 이곳 캠프힐 세미나에서 강의도 하고 있답니다. 그녀가 예순두 살이라는 것은 어디를 봐도 믿을 수 없는 사실입니다. 이들 부부를 보니 스콧 니어링 부부가 생각났습니다. 독일에서 태어난 아스트리는 독일어보다 영어를 더 잘 구사합니다. 블라디미르는 한국의 여러 가지에 매우 관심이 높았습니다. 제가 한국에서 캠프힐을 설립하기 위해 배우고자 이곳에 온다는 신청서를 제출한 탓인지 그런 분야에 경험이 있는 부부 집에서 묵을 수 있도록 배려한 것 같습니다. 앞으로 한국 캠프힐 설립에 대한 일을 블라디미르에게 많이 물어보고 상의할 예정입니다.

점심 식사 후 블라디미르와 차를 마시는데, 그는 저에게 물었습니다. 한국에서 특수학교 교사도 하고, 또 독일에서 발도르프 교사 과정도 했는데, 왜 이번에는 성인 시설에서 일을 하느냐고 말입니다. 저는 인간의 삶이 학령기에 그치는 것이 아니라 그보다 훨씬 긴 시간을 성인으로서 살아야 하는데, 사실 이 부분에 대해서는 많이 알지 못하기 때문에 마지막 경험을 위해서 이곳에 오게 되었다는 얘기와, 독일의 보덴제 쪽 캠프힐을 두고 이곳까지 오게 된 이유는 영국과 독일의 다른 문화에서 어떻게 인지학적 배경을 갖고 공동체를 꾸려나갈 수 있는지를 제대로 살펴보기 위해서라고 했더니 그는 박수를 치며 잘 왔다고 합니다. 그는 참 가슴이 따뜻한 사람이라 생각했습니다. 함께 살고 있는 세 명의 빌리저들도 블라디미르와 비슷한 연령일 겁니다. 마치 친구처럼 그렇게 살고 있습니다.

누가 뭐래도 제가 이곳에서 제일 영계랍니다.

뉴튼 디 캠프힐 내의 상점에서 일하는 성인 장애인들

돈은 살아가는 데 필요한 최소한의 도구일 뿐

오늘은 용돈을 받는 날입니다.

도널드 매일, 매주, 매월, 매년 규칙적으로 일어나는 일들을 기막히게 잘 기억하기 때문에 오늘이 용돈 받는 날이라는 것을 아침식사를 하면서부터 계속 확인합니다. 아스트리는 저에게도 용돈을 주었습니다. 아직 일도 하지 않았는데 돈을 먼저 주면 어떻게 하냐고 했더니, 이것은 일한 대가가 아니라 한 달간 이곳에서 사는 데 개인적으로 필요한 것을 위한 돈이라고 하더군요. '아, 그렇구나. 이곳에서 돈이란 노동의 대가가 아니라 살아가는 데 필요한 것이구나.' 싶더군요.

이곳에 거주하는 개인들에게 허락되는 것은 '옷'과 '책'뿐입니다. 그 밖의 것은 공동체의 것이지요. 돈이란 세상이 마련해준 '교환가치'로서 존재하는 것이 아니라 살아가는 데 필요한 도구일 뿐이라는 것이지요. 각각 독립된 하우스늘은 성제노 독립적으로 운영합니다. 한 달에 한 번 여섯 하우스가 모여서 필요한 지출 규모에 맞추어서 생활비를 책정하게 됩니다. 운영회의에는 누구나 참여할 수 있지만, 모두 참석하지는 않더군요. 그 자리에서는 누구나 자신에게 돈이 어디에 얼마나 필요한지 얘기하고 함께 타당성을 검토한 후에 지출을 결정합니다. 오랜 세월 지속되어온 캠프힐 운영방식에 대한 구성원들의 이해가 없다면 불가능한 구조라 여겨집니다.

어제는 저녁을 먹으며 내일의 계획을 말하는데, 셰익스피어 탄생주간을 맞이하여 강당에서 〈리어 왕〉을 상영한다고 합니다. 입장료가 1인당 1파운드랍니다. 제가 장난으로 돈이 없어서 영화를 볼 수 없다고 하자 데비가 얼른 자기가 내 입장료를 내고 초대해주겠다고 합니다. 저는 당황했으나 데비는 매우 흐뭇한 표정으로 걱정하지 말라며 자기와 함께 영화를 보러가자고 했습니다. 농담도 맘대로 할 수 없습니다. 졸지에 불쌍한 코워커가 되어버렸지요.

아침식사 후 설거지를 하려 하자 데비가 나서서 로즈마리에게 "너는 왜 은영이만 설거지를 하게 하니? 은영이는 점심 먹고 하고 지금은 로즈마리 네가 하는 것이 좋겠다."고 합니다. 로즈마리는 은근히 좋다가 말아버린 표정을 짓습니다. 로즈마리는 설거지하는 것을 별로 좋아하지 않고 시간도 많이 걸립니다. 그녀는 말이 많고 화를 잘 내며 일은 늘 더딥니다. 그녀의 특성이라 생각한 탓인지, 모두들 잘 이해해줍니다.

오늘도 데비는 내 방을 두드리며 일어나라고 재촉합니다. 나가 보니 벌써 아침 준비를 완벽하게 마쳐놓고 제가 일어나기를 기다리고 있었습니다. 도대체, 누가 장애인이고 누가 비장애인인지 모르겠습니다.

집안 가득 아침 커피향이 퍼져 있는 식탁에 앉아서 초에 불을 붙이고 촛불을 바라보며 이들의 손에 한없는 축복이 내리기를 기원해봅니다.

이번 주말에는 오늘 받은 용돈으로 삶의 기본적 욕구를 충족시키기 위해서 시내의 한국 음식점에 가서 매콤한 비빔밥이라도 먹고 와야겠습니다. 돈은 이렇게 쓰기 위해서 필요한 것이라 우겨 볼랍니다.

우리는 이제 캠프힐 친구

금요일 날 아이가 독일에서부터 아일랜드의 더블린으로, 또 더블린 호텔에서 하룻밤을 혼자 자고 스코틀랜드의 애버딘, 그리고 제가 있는 뉴튼 디 캠프힐에 도착했습니다. 아이에게 택시를 타고 오라고 주소를 알려주었다고 했음에도 블라디미르가 바쁜 와중에 짬을 내어 아이를 공항에서 데리고 왔습니다. 오랜만에 만난 아이는 많이 수척해 있더군요. 그래도 무사히 몇 개국을 경유해 엄마를 보겠다고 찾아온 아이를 보니 신통하고 대견했습니다.

아이는 지난주에 방학을 맞이하여 치아교정을 하던 중 갑자기 사랑니가 네 개, 그리고 입천장에 이상한 이가 나기 시작한 것을 발견하여 졸지에 전신 마취를 하고 한꺼번에 사랑니와 기형니 포함 모두 다섯 개를 뽑는 대수술을 하게 되었습니다. 급히 스코틀랜드에서 독일로 수술 동의 팩스를 보내야 할 정도로 대수술이었던 것 같습니다. 사실 수술 동의서란 수술 중 죽을 수도 있는 상황에 대한 동의가 아니었을까 싶을 정도로 매우 큰 수술이었던 것 같습니다.

아이가 마취에서 깨어나니 온통 피범벅이었다고 합니다. 마취 상태에서 수술 중에 무의식적으로 재채기를 두 번이나 하는 바람에 수술하던 의사의 온몸이 피로 뒤덮였다고 합니다. 에고고. 동의서 생각이 나서 수술의 위험성에 대하여 다시금 생각하게 되었습니다. 부모도 없이 독일의 발도르프 학교 다닐 때 친하게 지내던 닐스 부모님의 간호를 받으며 일주일간 죽만 먹으며 회복기를 보내고 눈이 퀭해져 이곳에 온 것입니다. 닐스의 부모님이 아이를 공항까지 차로 배웅해줬다고 합니다.

눈물은 그동안 참았던 마음의 눈물까지 합해서 충분히 흘렸습니다. 지난 화요일 수술을 마치고 막 깨어나 눈물 젖은 듯한 목소리로 한마디 대꾸도 하지 못하는 아이와 전화통화를 마치고 내가 왜 이렇게 살고 있는지, 과연 내가 선택한 삶이 그렇게 자식까지 버리며(?) 해야 하는 일인지, 또 그날따라 왜 함께 일하는 사람들의 태도가 나를 그리 서글프고 처량하게 만들었는지, 일을 마치고 하우스로 돌아가는 길에 눈물 콧물을 짜냈습니다.

아마도 새로운 환경, 언어와의 충돌에서 생기는 심리적 지각변동의 시기였던 것 같습니다. 처음 독일에서 새로운 시작을 했을 때처럼 말입니다.

무사히 도착한 아이에게 어디에 가고 싶냐고 물어보니 아무 데도 가고 싶지 않다고 합니다. 그냥 쉬고 싶다고 합니다. 그날 밤 늦게까지, 정확히 말해서 새벽 6시까지 맥주에 감자 칩을 먹으며 컴퓨터로 한국 영화를 함께 보고 잠이 들어 한낮이 되어 일어났습니다. 그렇게 방학이라는 느긋함에 깊이 빠져 그간의 시름을 잊는 시간이었습니다. 내일은 애버딘 시내에 나가 신발도 사주고, 한국 음식점을 찾아가 매운 음식도 사먹일 생각입니다.

우리 하우스의 아스트리와 블라디미르는 우리를 최대한 편안하게 해주려고 깨우지도 않고 음식을 만들어 편지를 써놓았습니다.

"은영, 단! 맛있게 먹어. 샐러드는 옆에 있어."

잠시 후에는 아이와 오랜만에 스코틀랜드의 펍에 가서 맥주도 한 잔 할 생각입니다. 이제는 부모와 자식이라는 생각보다는 함께 캠프힐에 대해 알아가는 좋은 친구이자 동료처럼 느껴집니다. 자기가 경험한 아일랜드의 캠프힐과 이곳의 시스템도 비교하고, 사람들에 대한 평가와 각각의 분위기에 관해서도 진지하게 이야기합니다. 그냥 아무런 부담 없이 아이와 게으름 떨며 느긋하게 그렇게 허락된 시간을 보내렵니다.

애버딘의 바닷가

바다를 찾아서

갑자기 토요일에 휴가를 얻었습니다.

며칠 전 동료들에게서 시내에서 10분 거리에 바다가 있다는 소리를 들었습니다. 모처럼 늦잠을 자려 했으나 햇빛이 얼마나 강렬한지 도저히 늦잠을 잘 수가 없습니다. 햇빛도 우리처럼 따사로운 게 아니라 뜨겁고 강해서 버틸 수 없어 잠자리를 박차고 일어날 수밖에 없습니다.

무작정 아무 계획 없이 시내로 향하는 버스를 탔습니다. 그리고 또 물어물어 바닷가로 향해 걸었습니다. 높은 언덕 너머에 뭔가 있을 것 같아 한참을 걷다보니 정말 바다가 나타났습니다.

망망대해의 동해를 닮은 바다!

한참을 멍하니 바라보았습니다. 온몸이 시원해짐을 느끼며 눈을 감고 짠 바다 냄새를 혈관 깊숙이 들이마셔 보았습니다. 저 바닷물은 자유롭게 이곳저곳, 내 고향의 동해, 서해, 남해의 어느 곳인가를 휩쓸고 그렇게 돌고돌아 이렇게 나와 만났겠구나 생각하니 왠지 모를 애틋함과 향수에 가슴이 저려옵니다.

파도 소리를 들으며 이런저런 생각에 잠겨봅니다. 어제의 모임에 대한 반성도 해봅니다. 이곳 캠프힐에서 코워커로 일하고 있는 한국 젊은이들과 함께 슈타이너의 인지학 공부를 시작했으나 생각보다 참여자들이 주체적으로 접근하는 데 한계가 있었습니다.

'내가 너무 말을 많이 해서일까? 내가 너무 서둘러서 결론을 내주려 했기 때문일까?' 이런저런 생각에 생각이 꼬리에 꼬리를 물고 넘나듭니다. 너무 많은 말을 했던 자신이 부끄럽게 느껴졌습니다. 어떤 모임이건 말을 많이 하는 사람이 있게 마련입니다. 그런데 그런 사람이 하필 제 자신이라는 것이 돌아보면 못 견디게 부끄럽고 싫습니다.

사람은 저마다의 기질이 있습니다. 루돌프 슈타이너의 4기질론에 따른 유형을 특징적으로 소개하면 다음과 같습니다. 옆에서 바위가 떨어져도 꿈쩍하지 않고 종국에는 자신의 의지를 초지일관 '버팀'으로 관철시키는 점액의 기질이 있는가 하면, 불같이 화를 내고 화낸 것이 미안해서 무마시키기 위해 모든 것을 내어주는 실속 없는 담즙질이 있습니다. 또한 다른 사람의 이야기에 집중하기보다는 자신의 다양한 관심사를 사람들 앞에 부담 없이 표현하는, 나비같이 이곳저곳을 훨훨 날아다니다 뒷심 없이 아무 데나 앉아버리는 바람개비 같은 다혈질이 있으며, 남의 이야기를 끝까지 들어주다가 슬픈 목소리로 '난 아무래도 할 수 없어.'라며 금방이라도 눈물이 뚝뚝 떨어질 것 같은 표정의 우울질이 있습니다.

돌아보니 어제의 대화는 제가 갖고 있는 여러 가지 기질 중 담즙질과 다혈질의 옷을 세트로 입고 다른 사람들이 스스로 이야기하도록 기다려주지 못하고 혼자 흥분하고 그들을 정신없이 몰아쳤던 것이라는 생각에 이르니 확 트인 바다가 저를 더욱 초라하게 만듭니다.

아직은 쌀쌀한 바닷바람이지만 가족 단위로 혹은 연인들이 기쁘고 들뜬 목소리로 왁자지껄 지나가는 소리가 저를 더욱 외롭고 쓸쓸하게 만듭니다. 사춘기 시절에는 '연애는 쓸데없는 시간낭비'라고 부르짖었습니다. 또래 친구들에게 '인간이란 원래 고독한 존재이므로 키스를 하고 있는 그 순간도 고독한 거야.'라며 폼을 잔뜩 잡았는데, 그 원초적인 고독이 많은 사람들의 웃음소리에 파묻혀 있었습니다. 그래도 얼마 만에 맛보는 평화로운 고독의 시간인지 그저 쉬지 않고 몰려왔다 몰려가는 파도를 침묵으로 바라보는 것만으로도 좋았습니다.

시내로 돌아와 상점의 문이 하나 둘 닫히는 저녁시간에 너무나 시끄러운 바에서 맥주를 한 잔 마시며 술 취해 비틀거리는 사람들을 바라보았습니다. 내 젊은 날의 모습을 보는 것 같아 한편 쓸쓸한 기분이 되기도 했습니다. 그때는 왜, 뭐가 그리 힘들었는지, 참 많이도 갈등했던 시절이었지요.

집에 돌아오는 늦은 저녁 무렵, 안개비가 내려 봄기운을 재촉합니다. 이곳이 낯선 땅 영국이라는 생각도, 독일이라는 생각도 없습니다. 그저 내가 살고 숨 쉬는 나를 위해 준비된 공간이라는 생각밖에는.

낯선 곳을 혼자 돌아다니며 상념에 잠기는 여행의 즐거움을 맛보지 않은 사람들은 절대 모를 그런 혼자만의 시간을 모처럼 가져본 하루였습니다.

뉴튼 디 캠프힐의 가장 전망 좋은 집에서 본 드넓은 초원, 스코틀랜드의 애버딘

몸도 꿈도 흐려지는 날에

이곳 스코틀랜드 뉴튼 디 캠프힐 공동체에 온 지 두 달 반이 되어갑니다. 처음에는 잘 느끼지 못했지만 체력의 한계가 느껴집니다. 긴장했던 탓일까요? 하는 일이야 뭐 그리 대단한 것은 아니지만 온종일 서서 서성이며 하는 일이다 보니 저녁이면, 아니 다음날 아침이면 온몸을 얻어맞은 듯 여기저기가 아프고 힘듭니다.

오전에야 예닐곱 명 점심식사 준비하는 것이라지만, 네 가지 정도의 요리를 해야 하고, 오후에는 갑자기 밀어닥치는 손님들의 즉흥적인 요구에 맞추어 카푸치노, 카페라테, 모카치노 등을 만들어 제공하고 손님 테이블 정리하고, 설거지 등을 해내느라 바쁘게 왔다 갔다 하다가 하루해가 저뭅니다.

카페의 주방을 정리하고 집으로 돌아가는 발걸음은 천근만근입니다. 힘들 때마다 '내가 왜 여기에 와 있는가.'를 되뇌이며 마음을 다잡아두지 않으면 금방이라도 주저앉을 것 같은 기분이 됩니다. 더구나 을씨년스럽게 비까지 추적이면 그야말로 완전 죽음입니다.

이곳 사람들은 이런 질문들을 합니다. "네가 한국에 돌아가서 캠프힐 운동을 시작하려면 같이 할 사람이 있는 거니?", "한국에 너를 지원해주는 스폰서라도 있는 거니?" "너는 캠프힐을 시작할 땅이라도 준비해놓은 거니?" 등 모든 질문이 나를 세상과의 경계도 형체도 없이 스러지는 액체로 만드는 질문입니다.

몸이 힘들고 지치니 이제는 막가파식의 꿈도 흐려지는 것 같습니다. '음, 누구 말대로 몸보신이라도 해야 하는 건가?' 나이는 못 속이는 것 같습니다. 그렇지 않아도 속 썩이는 아들이 요즘 또 제 옆에 와서 지내고 있습니다.

지난 6월 초에 아일랜드 학교가 방학을 하여 아일랜드의 딩글Dingle 캠프힐에서 20일간 머물다가 독일에서 마지막 치과치료를 받고 한국으로 들어갈 예정이었으나, 게으른 아이는 캠프힐에 가겠다는 이야기를 너무 늦게 하여 자리가 없어서 오도가도 못하는 신세가 된 것입니다. 돈이 떨어져 하룻밤은 더블린

스코틀랜드 애버딘 시내

공항에서 자고 다음날 급히 비행기 표를 구해서 이곳 스코틀랜드 캠프힐의 제가 사는 하우스 옆의 손님방에 머물고 있습니다. 복도 많은 놈이라 이곳 캠프힐에서 최고로 전망 좋은 손님방에서 버티고 낮에는 농장에서 잡초 뽑는 일을 하고 있습니다. 자신에게 이번 여정은 '쉬어가는 인생'이라며 너무 많은 것을 요구하지 말라고 합니다. 참으로 어이가 없습니다.

아이까지 이곳에서 떠돌이 신세를 만들면서 내가 이루려는 일을 정말 해낼 수 있을지, 물론 제가 하려는 일은 반드시 필요한 것이기에 신념을 포기할 수는 없지만, 이렇게 몸이 지치면 때때로 싶은 나락으로 떨어지는 것 같습니다. 모 아니면 도 아니, 절대 '도'가 되어서는 안 되겠지요. 아니, 모와 도는 통하는 거 아닐까요? 오늘은 몸이 지치니 이런 쓸데없는 생각들이 마구 꼬리를 뭅니다.

뉴튼 디 캠프힐 정원에서 포즈를 취한 앤과 안나

인생은 아름다울까?

이곳에서 일을 시작한 이후 제 머릿속을 떠나지 않는 한 가지 화두가 있었습니다. 캠프힐에 거주하는 비장애인들(코워커와 하우스 페어런츠 등)에게는 이런 공동체 삶이 어떤 의미가 있으며 과연 그들의 인생은 아름답고 행복한가 하는 것입니다.

한국에서의 제 자신의 삶을 돌아보면 그것은 자신으로부터 나오는 가치가 아니라 세상이 추구하는 가치로 철저히 무장되어 있었던 것이 아닐까 생각합니다. 진정으로 나 자신이 무엇을 하고 싶은가보다는 무엇을 해야 내가 이 세상에서 나름 인정받고 괜찮은 혹은 성공한 인생으로 대접받으며 살 수 있을까가 더 중요했던 것 같습니다. 그래서 자기 발전 내지는 자아 실현이라는 이름으로 포장하여 대학원까지 가방끈을 늘여가며 세상이 만들어놓은 옷 크기에 자신의 몸을 맞추어 입고는 한껏 멋을 부렸던 기억이 납니다. 물론 그것이 의미가 전혀 없다고는 할 수 없지만, 그런 일을 결정할 때마다 자신에게 좀 더 진지하게 질문했어야 했는데 그 과정이 없었다는 것이지요.

언젠가 로베르토 베니니 감독의 영화 〈인생은 아름다워〉를 보면서 삶을 대하는 태도에 신선한 충격을 받았던 기억이 납니다. 어떠한 상황에서도 유머를 잃지 않고 슬픔과 고통을 처절하게 승화시켰던 모습이 가끔 생각납니다.

어떻게 사는 것이 잘 사는 것일까. 과연 나는 내가 원하는 삶을 살고 있는 것일까. 이런 고민을 하다가 문득 한국에 있는 제 또래 친구들을 떠올렸습니다. 그들은 과연 행복한 삶, 자신이 진정으로 원하는 삶을 살고 있는가? 장애인과 관련된 일을 하는 사람들은 자신의 인생을 행복하고 아름답게 가꾸어나가고 있으며, 그들에게 자신이 느끼는 행복감을 나누어주려고 하는가 의문이었습니다.

이런 문제늘을 생각해볼 때, 그리 긍정적인 대답이 나오지 않았습니다. 제 또래, 즉 사십대 중반 친구들의 삶이 그리 행복하게 기억되지 않았습니다. 직장에서의 어려움, 가정에서의 고독감, 나이 들수록 점점 멀어지는 아이들, 아이의 교육문제로 자

크로프트 하우스의 울타리와 하우스 뒤쪽. 데비와 내 방이 나란히 보인다.

신의 모든 것을 포기하는 친구들, 잃어버린 젊은 날의 꿈의 뒤안길에서 방황하거나, 이도 저도 아닌 경우 현상 유지를 위하여 그렇게 살고 있는 삶, 더 나쁜 것은 병마와의 긴 싸움을 시작한 친구들입니다. 이런 모습의 친구들 생각이 계속 떠올랐습니다.

다른 한편으로는 국적과 인종은 달라도 이곳 캠프힐에서의 삶을 선택하고 비장애인이지만 장애인들과 함께 살고 있는 사람들이 자신의 가난한 삶에 만족하고 하루하루 행복하고 여유있는 삶을 위해 애쓰고 노력하는 모습과 중첩되었습니다. 자신의 삶이 그렇게 의미 있듯이, 장애인도 자신들처럼 만족한 삶을 살 수 있도록 배려해야 그 공동체에서 함께 사는 의미와 가치를 살릴 수 있다고 생각하는 이들을 대하니, 정말 함께 사는 비장애인들의 태도가 중요하다고 생각했습니다. 어느 한쪽의 일방적인 희생을 강요할 수는 없습니다. 장애인과 함께하는 삶이 봉사나 소명으로 포장되어 과도하게 희생을 강요할 수 있는 문제는 아니라는 것이지요. 만일 그렇게 된다면 어느 한쪽의 일방적 희생이 될 것이고 그것은 그렇게 좋은 결과를 가져오지 못한 나머지, 공동체를 떠나게 되거나 공동체를 매우 우울하게 할 수 있다고 생각했습니다.

아직 많은 시간을 보낸 것은 아니지만, 제가 살고 있는 하우스의 페어런츠는 장애인과 낯선 이방인인 저까지 아무런 편견 없이 두 팔 벌려 환영해주고 있습니다. 그러한 나눔의 삶이 '작은 정원' 크로프트에 봄날의 새싹처럼 펴져가고 있습니다.

하영과 내가 함께한 부활절 예배 라이어 연주

축 부활!

이곳 뉴튼 디 캠프힐에서 둥지를 튼 후 시간이 지날수록 조금씩 생활이 단단해지는 것 같습니다. 날씨도 따뜻해졌고, 캠프힐 작은 정원 구석구석마다 나르시스라는 또 다른 이름의 노란 수선화가 피어났습니다. 이맘 때쯤이면 이곳 스코틀랜드는 봄에 피어나는 찬란한 황금빛 수선화를 보러오는 관광객이 넘쳐납니다. 이렇게 부활절을 알리는 꽃이 사방에 피어나자 드디어 부활절 일요일을 맞이하게 되더군요.

유럽 문화에서 기독교가 차지하는 비중은 이들 생활의 전부라고 할 수 있습니다. 교회나 성당에 나가든 그렇지 않든 명절, 소위 공휴일은 기독교의 절기에 맞추어 이루어지고 있으니 오랜 세월 동안 생활양식으로 자리 잡은 것 그 이상이라 여겨졌습니다. 그러다 보니 부활절 행사는 우리가 큰 명절을 맞이하는 것과 비슷한 무게로 치러지더군요.

행사는 사순절부터 시작되는데, 시간이 지나면서 온 누리에 따스한 햇살이 퍼져가듯 그리스도의 부활에 대한 기대와 희망은 이곳 캠프힐 사람들의 일상에도 여지없이 드러납니다. 병아리가 알을 깨고 나오듯, 예수의 고통스러운 죽음과 부활은 매년 이렇게 이들의 가슴을 설레게 하는 크나큰 명절입니다.

부활절을 앞두고 실내를 장식할 달걀 껍데기를 모아 씻어 말려 함께 채색하고, 세계 각국에서 누군가가 기증했을 달걀 모양 돌과 부활절을 의미하는 카드를 다락방에서 꺼내어 손질합니다. 부활절 케이크를 만들고 부활절에 함께 나눌 특별한 요리

크로프트 하우스의 부활절 아침 식탁과 실내를 장식한 예쁜 부활절 달걀

도 준비합니다. 실내 곳곳에 알록달록하게 장식한 달걀을 주렁주렁 매달아 놓습니다. 식탁 구석구석에는 작고 익살스러운 초콜릿을 숨겨 놓고 하나씩 찾아내어 나누어 먹습니다. 이날은 다락 속에 꼭꼭 간직했던 우아한 그릇들도 등장합니다.

이렇게 기쁜 부활절 아침, 우리 크로프트 하우스에는 노르웨이 캠프힐의 하우스 페어런츠 부부가 방문하여 함께 부활절 아침을 맞이했습니다. 노르웨이에는 캠프힐이 벌써 여섯 군데나 있다고 합니다. 언젠가 한 번 찾아가 보려고 주소를 받아놓았습니다. 그들은 매우 겸손하고 순박한 부부였습니다. 세계 곳곳의 캠프힐을 다니며 캠프힐 설립을 돕고 있는 사람들입니다. 특히 남편 올레는 건축물을 드로잉하는 예술가라고 합니다. 그는 사람들에게 늘 좋은 말을 하는 것이 중요하다는 것과 특히 농사를 지으면서 노래를 부르면 곡식이 행복하게 잘 자란다는 이야기를 했습니다. 제가 우리 나라의 다양한 '노동요'에 대하여 이야기했더니 유럽에도 과거에 그런 문화가 풍부하게 있었는데 언제부턴가 기계화되면서 모두 사라졌다고 아쉬워했고, 저 역시 우리 나라도 많이 사라져가는 중이라고 하니 몹시 아쉬움을 표하더군요.

아스트리는 이렇게 큰 절기 행사를 준비하느라 피곤할 텐데 그런 기색 없이 식탁을 장식하기 위해 열심히 이것저것 사서 나르고 준비를 했습니다. 그녀는 특히 이런 행사를 즐기며 행복해하는 도널드의 모습에 모든 시름이 사라진다고 합니다.

뉴튼 디 캠프힐의 베이커리에서 빵을 만드는 빌리저와 코워커들

평화로운 리듬, 캠프힐 공동체의 일상

오늘은 제가 머물고 있는 뉴튼 디의 성인 공동체를 소개하렵니다.

이곳에 상주하는 인원은 모두 합해서 180명에서 200명 정도가 됩니다. 20명 정도는 늘 오가는 손님들이랍니다. 하나의 하우스를 관리하는 하우스 페어런츠가 부부 또는 각각 남·여 싱글인 경우도 있고, 그들에게 아이가 딸려 있기도 합니다. 그 외에 빌리저가 네 명에서 많은 곳은 일곱 명, 함께 사는 단기 코워커가 각 하우스에 배치되어 가정일과 캠프힐 운영을 도와줍니다.

카페테리아에서 휴식을 취하는 빌리저와 점심 대용 수프를 만드는 빌리저들

모두 스물세 개의 하우스가 각각의 주소를 갖고 그들의 일터인 공동 소유의 농장 및 작업장과 함께 공동체를 이루며 살아가고 있습니다.

빌리저 각자에게는 개인 방이 있고, 취미생활이 보장되며, 그리고 일터가 있습니다. 매일 아침에 식사를 마치고 각자의 일터로 갑니다. 예를 들어 여성 장애인의 경우 집안 청소 일을 다른 하우스에 가서 합니다.

오전 9시까지 일터로 가서 한 시간 반 정도 일을 하고 코워커들과 함께 따끈한 홍차와 비스킷을 먹으며 휴식시간을 갖습니다. 그리고 다시 12시까지 일을 하고 각자의 하우스로 돌아가 하우스 마다나 코워커가 준비해준 따뜻한 점심식사를 먹습니다. 대략 1시까지 점심식사가 끝나면 뒷정리를 마친 후 30분 정도 낮잠을 자고 2시까지 다시 각자의 일터로 갑니다. 어떤 이는 베이커리로, 케이크 만드는 작업장으로, 어떤 이는 농장으로, 어떤 이는 카페로, 그렇게 곳곳의 일터에서 정해진 시간까지 일을 합니다. 5시 30분이 되면 일을 마치고 집으로 돌아옵니다. 하우스에서는 6시에 저녁식사를 마친 후 7시 이후에는 각자의 취미 생활을 하거나 친구를 방문하거나 자유롭게 저녁시간을 보냅니다. 여러 가지 여가 선용을 위한 코스로 그림 그리기, 댄스 코스, 기타 강습 등이 빌리저들을 위해서 제공됩니다. 축제가 다가오면 이곳 코워커들과 함께 무대에서 연극을 선보이기 위해 연습을 하기도 합니다. 얼마 전에는 셰익스피어 탄생 주간을 맞아 〈맥베스〉를 공연했습니다.

그리고 주말이면 용돈을 받습니다. 가족 친지들에게 생일 카드나 작은 선물도 사서 보내고, 주말에 외출해서 차를 마시거나 간혹 이성친구들과 데이트 비용으로 용돈을 씁니다. 일터와 삶터에서 모든 것이 평화롭게 순환됩니다.

이렇게 자연스러운 생활 리듬이 하루아침에 이루어진 것이 아님이 분명합니다. 오랜 시간 동안 시행착오와 실패를, 수정에 수정을 거듭하면서 어떻게 하는 것이 가장 인간적인 삶의 원형일까 고민하며 오늘에까지 이르렀다고 생각합니다. 여기서 그치는 것이 아니라 이들은 모여서 어떤 것이 최선인지 혹은 차선인지 끊임없이 협의합니다.

독일에서 온 코워커 수지와 카트린, 빌리저들과 함께 연극 공연을 마치고.

나이는 상관없다니까요

오늘은 캠프힐 코워커들의 모닥불 파티에 참여했습니다. 코워커는 세계 각국의 젊은이들이 장애인과 함께 하는 공동체의 일원이 되고자 신청하여 짧게는 1년, 길게는 몇 년씩, 아니 평생을 함께하기로 작정하고 캠프힐에서 일하며 사는 사람들입니다. 카페테리아에서 일하다 보니 젊은 코워커들이 휴식시간에 차를 마시러 와서 자신들이 계획한 파티나 그 밖의 행사 내용을 알리며 제게도 참석을 권합니다. 내 나이가 도대체 몇인지, 그래서 자신들과 어울릴 수 있는 사람인지 아닌지, 그런 것에는 애

초에 관심도 없는 것 같습니다. 또 왜 이곳에 와서 이 일을 하고 있는지 상관하지 않고 몇 차례에 걸쳐서 참석을 권합니다. 아마 내 나이가 몇 살인지 알면 조금 놀라겠지요.

며칠 전에는 펍에서 모인다고 오라고 하길래 알았다고 가겠노라고 하고는 안 갔더니 다음날 아침에 만났을 때, 왜 안 왔냐고 기다렸다고 하는 것을 보니 그냥 넘길 수 없는 상황 같아서, 그리고 이 젊은이들이 도대체 왜 이곳에 와서 이렇게 사는가 알아봐야 할 것 같아서 오늘은 기꺼이 참석했습니다.

코워커들은 저녁 9시까지 하우스를 지켜야 하므로 그 임무가 끝나는 밤 9시 30분이 되어서 농장의 뒷길을 한참 걸어가니, 별빛이 쏟아지는 커다란 나무 아래 멋진 장소에서 캠프파이어가 시작되었습니다. 내일이면 이곳에서의 일정을 마치고 돌아가는 독일 코워커 친구의 송별회와 생일을 맞은 코워커의 생일잔치를 겸해서 준비된 모임이랍니다. 캠프파이어를 위해 트랙터에 장작을 싣고 나르고 대대적인 준비가 한창입니다.

각자 맥주, 와인, 스낵을 한 가지씩 갖고 와서 먹고 마시며 둥그렇게 앉아 두런두런 이야기를 합니다. 거의 모두가 쌍쌍이 앉아 있습니다. 쌍이 없는 과부댁(?), 홀아비 댁(?)은 한쪽 구석에 찌그러져 앉아 있구요. 서는 쌍쌍들 틈에 앉았지요. 왜냐구요? 늦게 가서 자리가 없어서…… 에구.

모두들 나름대로 뜻이 있어 이곳에 모인 젊은이들이지요. 이곳에 와서 힘들게 살다보니 함께 인생의 별을 바라보는 이성

뉴튼 디 캠프힐 공동체 축제

과 만나 사귀고 애를 낳고 그렇게 정착하는 젊은이도 있고, 또 자신의 인생을 돌아보는 시간으로 삼는 젊은이도 있고, 다시 고국에 가서 캠프힐 운동을 시작하려는 젊은이들도 있습니다. 이런 젊은이들이 세계 각국에서 캠프힐 운동의 바탕이 되지 않았을까 생각했습니다.

전 세계에 100여 개의 캠프힐이 있다고 하니 그들이 이렇게 조직되었을 것이라 생각합니다. 내 옆에 있던 미야도 스위스에서 이곳에 온 지 1년 8개월 만에 사랑하는 이를 만나 아이를 낳아 키우며 정착했답니다. 이들은 자신의 미래에 대하여 허황된 큰 꿈, 소위 성공이라는 섣부른 꿈을 찾기보다는 작지만 자신이 소망하는 삶을 조용히 실현해나가는 것처럼 보입니다. 아이를 갖게 되었다고 불행해하지도, 또 힘들어하지도 않습니다. 이곳에서 그들 인생의 행복한 시간을 마련하기 위해서 최선을 다하고 있을 뿐이라 여겨집니다. 내 젊은 시절을 돌아보면, 신혼 초 전셋집에 살 때 늘 연습으로 사는 것처럼 대충 살았던 제 모습과는 다르게, 힘든 삶의 과정 속에서도 최선의 행복을 준비하고 노력하며 살고 있는 이들이 부러웠습니다.

한국에서 캠프힐을 시작한다면 과연 뜻있는 젊은이들이 삶의 목표를 소박하게 가꾸고자 모여들지 어떨지, 그런 젊은이들이 얼마나 될지, 이런저런 생각을 해봤습니다. 이글이글 타오르는 불꽃을 보며, 또 뒤돌아 밤하늘에 빛나는 별을 보며 한국에서의 캠프힐 운동에 대한 열정을 함께 태워보았습니다.

뉴튼 디 캠프힐의 카페테리아 전경

카페테리아 운영자 회의

오늘은 이곳 뉴튼 디 캠프힐의 카페테리아 운영자 회의를 소개해볼까 합니다.

카페테리아의 미팅은 이곳에서 일하는 빌리저를 제외한 코워커와 마이스터Meister(작업장을 관리하는 코워커)로 불리는 책임자급 사람들이 모여서 하는 회의였습니다. 저에게 느닷없이 건의사항이나 이야기할 것이 있는지 묻습니다. 이곳에 온 지 몇 개월이 지났으니 할 말이 많지 않겠느냐는 것입니다.

처음 카페에서 일을 시작했을 때, 정말 말처럼 쉽지가 않았습니다. 무엇보다도 내 인생에서 서비스업 중에서도 음식업이라는 생소한 일은 그저 보기만 했고, 손님으로서만 겪었던 그런 것과는 비교도 안 될 정도로 어려웠으니 말입니다. 남을 대접한다는 일은 정말 아무나 하는 일이 아님을 알게 되었답니다.

카운터에 서서 이름도, 가격도 모르는 채 더듬더듬 찾아서 계산해주는 어눌함에도 손님들은 짜증을 내거나 싫은 표정을 짓지 않으니 그저 고마울 뿐이었답니다. 또한 주방에 설거지가 밀리면 소매를 걷어붙이고 장애인들을 도와 함께 마쳐야 하니 손님이 많은 날에는 끊임없이 이어지는 설거지에 고개 돌릴 틈도 없었답니다.

그러면서 함께 일하던 코워커에게 왜 우리는 티타임(휴식시간)이 없냐고 하니 일전에 회의 때 건의했다가 이야기가 잘 안 되었다는 것이었습니다. 그래서 저는 그것이 우리에게 꼭 필요한 것이며 적어도 중간에는 잠시 몸을 쉬어주어야 하는 것 아니냐고 하자, 다음 미팅 때 건의해보라고 하며 자기들도 거들겠다고 했습니다.

저는 이곳에서 일하는 사람 누구나 똑같다고 생각합니다. 그동안 티타임이라는 이름의 휴식시간이 이곳에서 일하는 장애인에게는 주어졌으니 함께 일하는 코워커에게는 없었습니다. 젊은 코워커들은 자신의 권리를 주장하지 못하고 뒤에서는 카페에서 일하는 것이 힘들다고 불평불만을 늘어놓습니다. 물론 카페 운영 특성상 손님이 계속 몰려올 때는 힘들겠지만, 조금

뉴튼 디 캠프힐의 카페테리아
1 카페운영자 회의에 모인 코워커들. 왼쪽부터 율리안, 텔히, 힐러리, 마야
2 두 빌리저가 행복한 티타임을 갖는 모습
3 카페테리아 실내
4 언젠가 한국 캠프힐에 초대할 당신을 위해

한가할 때 돌아가면서 휴식을 취하는 것은 얼마든지 가능한 일이라 생각했지요. 그렇기 때문에 저는 그렇게 뒤에서 얘기하기보다는 제대로 건의해서 바로잡아야 한다고 생각했습니다.

그래서 모질게 마음먹고 코워커의 티타임을 건의했는데, 의외로 싱겁게 그렇게 하자는 결론이 났습니다. '너무 근엄한 얼굴로 제안해서 무서웠나?' 아무튼 그 사실을 회의에 참석하지 못한 다른 코워커들에게 알리자 모두 기뻐했습니다. 지금은 10분이지만, 앞으로 15분 정도로 늘려갈 생각입니다. 아마도 자기 권리를 찾아내는 일에는 제가 제일 열심인 것 같습니다.

또 다른 중요한 결정사항은 카페의 모든 음식값을 인상하기로 했다는 것입니다. 에휴, 이제 간신히 음식값을 외웠는데 산 너머 산이군요. 이곳에서 사용되는 모든 재료는 유기농법으로 재배된 것입니다. 점심 대용으로 먹을 수 있는 스프와 여러 종류의 커피와 케이크, 비스킷 등이 모두 유기농법으로 재배된 재료이다 보니, 재료값이 인상되어서 부득이 가격을 올려야 한다고 합니다.

회의야 일상적인 회의겠지만, 돈 받고 하는 일 아닌 그런 일을 책임감을 가지고 건의하고 결정해나가는 이들의 모습이 좋았습니다.

월요 댄싱 코스, 뉴튼 디 캠프힐 강당

월요 댄싱 코스

이번에는 이곳 캠프힐 빌리저들의 여가선용 시간인 월요일 댄싱 코스를 소개하겠습니다.

저녁을 먹고 7시 30분경, 대강당에 대략 칠, 팔십 명의 사람들이 모여들었고, 이날 코워커는 저를 포함에서 모두 네 명이 참여했습니다. 제가 오늘 댄싱 코스에 간다고 하자 함께 사는 데비가 제일 좋아했습니다. 이유는 나중에 알려드릴게요.

지도 선생님이 오시고 카세트에서 음악이 흘러나오자 모두 둥그렇게 원을 만들고 음악에 맞추어 큰 원을 그리며 걷습니다.

그러다가 중간에서 두 명이 팔을 높이 쳐들고 앞으로 나와 대문을 만들고 함께 그 문을 통과합니다. 천천히 걸으며 차츰 차츰 어려운 단계의 춤을 춥니다. 파트너를 선택해서 춤추는 순서가 되었습니다. 선택하는 혹은 선택받은 파트너는 맘에 들든 그렇지 않든 거절하는 사람은 없습니다. 모두들 정중하게 부탁하고 그것에 응합니다. 함께 팔을 걸고 돌고, 박수를 치고, 스텝을 맞추며 그렇게 1시간 조금 넘게 쉼 없이 계속되었습니다.

일주일에 이틀 점심 준비를 해주러 가는 이웃 하우스의 캐시(다운증후군의 서른두 살 아가씨)는 너무나 사랑스러운 친구랍니다. 오늘 댄싱 코스에 맞추어 예쁜 치마에 엷은 화장을 하고 머리를 풀고 참여했습니다. 남자들에게 역시 인기가 가장 높더군요. 서로 캐시와 춤추려고 기회를 엿보는 모습이 재미있었답니다.

제가 이 코스에 참여한다고 했을 때 데비가 좋아했던 이유가 있었답니다. 확실한 파트너를 확보한 셈이니 말입니다. 사실은 아무도 데비에게 춤을 권하지 않더군요. 데비는 남의 이야기를 들어주기 어려운 청각장애를 갖고 있고 그러다 보니 주로 일방적으로 이야기하는 타입이지요. 물론 보청기를 착용하긴 했지만, 자주 청력이 그리 좋지 않아 집에서도 혼자 볼륨을 잔뜩 높이고 라디오를 듣는 것이 그녀의 유일한 취미입니다. 그것도 매일 같은 시간에 같은 프로를 규칙적으로 말입니다.

아무튼 참여한 사람들은 신체적으로 거동에 문제가 없는 장애인이었습니다. 대체로 단순 정신지체나 자폐, 혹은 다운증후군, 정서적인 문제로 사회생활을 제대로 할 수 없는 친구들로 오랫동안 이곳에서 살면서 이곳의 문화에 익숙해 있어서인지, 모든 과정이 자연스럽게 흘러갑니다. 춤추는 모든 과정이 이들의 장애를 고려한 것은 아니지만, 오랫동안 이러한 시간을 보내서인지 어려운 동작도 잘 소화해냅니다. 그리고 춤을 추다가 쉬고 싶으면 자연스럽게 자리에 가서 앉아 다른 사람들이 춤추는 것을 조용히 지켜봅니다.

사실 뉴튼 디 성인 캠프힐에서 사는 장애인들은 어느 정도 신변처리가 가능하고 더 많은 도움이 필요한 사람들은 다른 시설이나 병원 같은 곳에서 집중적인 도움을 받습니다. 젊었을 때 저는 중증 장애인의 가족들 생각을 대변하듯, 이런 시설이 심한 장애를 가진 사람에게는 그림의 떡인 양 의미 없이 바라보던 때도 있었습니다. 그러나 얼마 전 한국의 한 장애 아동 부모님의 글에서 읽은 것처럼 장애등급이 2급, 혹은 3급 정도로 비교적 가벼운 장애를 갖고 있는 사람들 또한 그 정도에 맞는 행복한 삶을 살 권리가 있으며, 보다 행복하고 아름다운 삶을 위해 주위에서 애써주어야 한다는 데 깊이 동의하게 되었습니다. 장애가 있건 없건, 장애가 심하건 그렇지 않건, 모든 인간에게는 행복한 삶을 추구하며 이 땅에서 해내야 할 몫이 있기 때문이지요.

즐겁다고 환호하지도, 그렇다고 위축되지도 않은 이들의 진솔한 댄싱 코스를 보며 이들이 누리는 이 행복한 시간을 위해 기여한 초창기 캠프힐 개척자의 땀과 수고를 떠올려보았습니다.

행복한 연인 린과 피터

린과 피터가 알콩달콩 사는 집

매일 오후, 저는 카페테리아에서 정신지체 장애가 있는 몇몇 친구들과 함께 일합니다. 그들은 주로 마른 행주로 그릇의 물기를 닦고 정리하는 단순한 일을 합니다. 그 중 올해로 43세를 맞이한 린이라는 다슨 정신지체 장애 여성이 있는데, 어찌나 활발하고 성격이 좋은지 캠프힐 내부 사람들뿐 아니라 외부에서 오는 손님들조차 카페를 찾으면 꼭 주방에서 일하는 린을 불러내어 안부를 묻고 돌아갑니다.

린과 저는 뒷설거지를 할 때면 함께 노래도 부르고, 수다도 떨면서 둘이 죽이 맞아 킬킬거리며 일을 하곤 합니다. 그렇게 몇 달간 정이 들었던지, 하루는 제게 일요일 저녁에 자기 집에서 저녁을 먹자고 합니다. 소위 말해서 저녁 초대를 받을 것이지요. 린은 5년 전 이곳 캠프힐에서 53세의 피터를 만나 모벤 하우스 뒤편에 공동체에서 마련해준 작은 집에서 독립적으로 살고 있습니다.

이곳은 성인 장애인 공동체이므로 결혼과 공동체 생활을 어떻게 병행할 수 있는지 관심도 생기고, 또 이들의 사는 모습이 어떨지 정말로 호기심도 생겨서 기꺼이 초대에 응하였습니다. 린은 피터를 부를 때 꼭 자신의 '남자친구'라고 합니다. 절대로 '남편'이라고 하지 않습니다. 그 이유가 뭐냐고 물어보니 아직 결혼하지 않았기 때문이라고 합니다.

제가 무엇을 가져가면 좋겠냐고 했더니 레드 와인이면 좋겠다고 합니다. 이곳에서 함께 코워커로 일하고 있는 한국인 친구도 그들이 사는 모습이 궁금하다고 하여 린의 허락을 받고 스페인에서 온 코워커까지 셋이서 가게 되었습니다.

입구에 들어서니 두 사람이 우리를 반갑게 맞이한 후 피터는 재빨리 주방으로 돌아가 요리하느라 정신이 없습니다. 오늘의 요리는 채식주의자인 저를 위한 치즈 마카로니와 스코틀랜드식 소시지였습니다. 요리를 오븐에 넣고 피터가 집안을 안내해줍니다.

거실은 아담했고 두 사람의 침실에는 피터가 자신이 일하는 목공소에서 직접 짠 커다란 원목 침대가 놓여 있었습니다. 욕실을 지나서 맞은편 작은 방은 린의 엄마 방이라고 합니다. 제가 놀라서 엄마랑 함께 사느냐고 했더니 그것이 아니고 엄마가 언제든지 오시면 묵고 가는 방이라 합니다. '아, 장애가 있는 자녀가 보고 싶을 때면 언제든지 와서 보고 머물다 갈 수 있도록 해놓았구나.'라고 생각하니 장애인을 둔 한국의 부모님들 생각이 나서 괜히 마음이 묘해졌습니다. 거실을 통해서 밖으로 나오니 멋지게 펼쳐진 초원과 숲이 한눈에 들어옵니다. 두 사람이 살기에 최적의 환경이라 생각했습니다.

이들의 일상을 소개해보면 이렇습니다.

린과 피터는 아침 8시에 식사를 마치고 린은 케이크 만드는 곳에서, 피터는 목공소에서 일하고 12시에 집으로 돌아옵니다. 점심은 옆집 장애인 공동체인 모벤 하우스에서 함께 해결합니다. 1시부터 2시까지 휴식을 취한 뒤 린은 카페테리아에서, 피터는 목공소에서 오후 5시 30분까지 일을 마치고 집에 돌아와 둘만의 간단한 저녁식사를 하게 됩니다.

물론 주말에도 두 사람이 요리를 하고 아는 사람들을 초대하기도 하고 시내에 나가서 외식을 하기도 한답니다. 요리는 주로 피터가 하는데, 가만히 보니 설거지도 피터가 합니다. 린은 주인마님처럼 입만 움직인다고 제가 구박을 하자 하루종일 카페테리아에서 일하는데, 또 주방 일을 하고 싶겠냐며 오히려 저보고 어떻게 그렇게 생각할 수 있냐고 합니다. 하하하. 알콩달콩

산책하는 커플

그렇게 살고 있는 린과 피터가 너무 행복해보였습니다.

린은 선물로 작은 비누와 빨간색 하트 모양 돌까지 준비해놓았다 집을 나서는 나에게 건네줍니다.

나중에 알고 보니 사실은 지난 생일에 선물받은 섹시한 드레스를 자랑하려고 초대했던 것인데, 다른 이야기를 하다 정신을 빼앗겨 그 섹시한 드레스를 보여주지 못했던 것이더군요. 다음날 카페에서 만나 그 이야기를 하며 너무 아쉽다며 제 남편이 여름 방학에 오면 함께 초대하겠노라고, 그땐 꼭 그 섹시한 드레스를 보여주겠다고 합니다.

소공동체 모임에 참석 중인 사람들, 뉴튼 디 캠프힐 소강당

캠프힐 반상회

스코틀랜드 애버딘에 있는 뉴튼 디 성인 캠프힐 공동체에는 모두 스물세 하우스가 있습니다. 대부분 한 하우스에 성인 빌리저 다섯 명 정도와 하우스 페어런츠가 살고, 하우스 페어런츠의 자녀들이 함께 사는 경우도 있고, 이혼한 아줌마 혼자서 다섯 명의 빌리저와 사는 경우, 그리고 내가 살고 있는 하우스처럼 하우스 페어런츠가 전체 캠프힐 공동체 일로 바빠서 많은 장애인을 도와줄 수 없는 경우 세 명 정도의 최소 인원과 살고 있는 작은 집, 또 어떤 하우스는 장애인 빌리저들끼리만 사는

경우도 있고, 어떤 집은 장애인 없이 코워커만 살고 있는 집도 있습니다. 어떤 형식적인 틀이 있는 것이 아니라 각자의 여건과 사정에 따라 그렇게 하우스를 이루어 살아갑니다.

또 특이한 경우로 우리 이웃에 사는 '유타'라는 화가 아줌마는 캠프힐 공동체의 하우스 마더로 지내다 현재는 은퇴하여 독립적인 가정에서 혼자 생활하며 예술 활동을 하고 있습니다. 그녀의 작품은 매우 잘 팔려 캠프힐 기금으로 쓰인다고 합니다.

뉴튼 디 캠프힐에서는 한 달에 한 번 스물세 하우스가 모여서 전체회의를 하고, 두 주일에 한 번씩 대여섯 하우스 정도가 모여서 소공동체 모임을 갖습니다. 우리식의 개념으로는 소위 반상회라는 것이지요.

어제는 이웃 하우스에서 열린 반상회에 참석했습니다. 이번에는 다섯 하우스를 위해 함께 구입한 새로운 집의 구조 변경 및 그 집의 운영에 대하여 여러 사람들의 의견을 듣기 위해서 모였습니다. 마침 목요일이 예수 승천일이라 그에 따른 몇 가지 노래도 부르고, 카페 옆의 소품 매장에서 일하는 텔히가 전하는 예수 승천의 의미를 새기는 짧은 체험담을 들었습니다. 또 저의 스폰서(모든 코워커에게는 각각 스폰서가 한 명씩 연결되어 있어 캠프힐 생활에서 어려운 점, 혹은 머물고 있는 하우스에서의 문제 등을 상의하고 도움을 청한다.)인 키르스틴 아줌마는 예수 승천의 성경적 의미에 대한 이야기도 들려주었습니다. 이곳 캠프힐이 종교적인 것과 관련되지 않더라도 서구 유럽 문화의 중심에는 기독교가 있다는 사실은 부정할 수 없겠지요.

제가 살고 있는 하우스의 하우스 파더 블라디미르는 건축사이므로 새로 구입해서 개조할 집의 설계도를 붙여 놓고 집의 구조와 공간의 크기를 설명하고 그 공간을 어떻게 활용하면 좋겠는지 각자의 의견을 들어보자고 했습니다.

모두들 열띤 의견을 제시합니다. 어떤 이는 크리스마스나 기타 축제 때 주위사람들에게 줄 선물을 만들 수 있는 수공예실을 만들자고 합니다. 또 어떤 사람은 댄싱 코스를 마련해서 집중적으로 춤을 배우는 공간으로 사용하자고 합니다. 장애인이라고 어눌하게 표현한다고, 그래서 잘 알아듣지 못한다고 의견을 무시하거나 흉보는 사람 없이 모두 자신의 의견을 소신껏 개진합니다. 그 모습이 너무 인상적이었습니다. 더구나 이 집을 관리하기 위하여 청소 당번을 정하는 과정에서는 서로 자기네 하우스에서 먼저 시작하겠다고 합니다. 물론 이러한 이야기는 대부분 빌리저들이 꺼냅니다. 코워커나 하우스 페어런츠는 그리 적극적이지 않은 주제입니다.

이와 같은 회의 분위기는 캠프힐 반상회를 구성하는 하우스의 성격에 따라 매우 다르다고 합니다. 한 예로, 다른 소공동체 그룹에서 살고 있는 코워커의 말에 의하면 자기네 반상회에서는 빌리저들이 참석한 적이 한 번도 없었으며 코워커인 자신도 고작 한두 번 참석했다고 합니다. 그 얘기를 듣고 의아해서 제가 살고 있는 하우스의 하우스 마더 아스트리에게 그 이유를 물었더니 소규모로 운영되는데다 구성 하우스들의 성격에 따라 각각 달리 운영되기 때문에 뭐라 말할 수 없다고 합니다.

그러나 그녀가 대답하기를, 예산이나 기타 책임에 관한 회의는 모두가 참석할 경우 시간이 너무 많이 걸리고 결정이 지연되기 때문에 최소 인원으로 하는데, 장애인들에게 개방하고 참석하기를 권하고 있으나 장애인들 스스로가 책임지는 일을 하지 않으려고 하기 때문에 현재 전체 캠프힐에서는 두 명의 장애인만이 중요 회의에 참석하고 있다고 합니다. 아스트리는 개인적으로 장애인들이 스스로 책임지고 캠프힐의 중요한 결정에 많이 참여하기를 원하고 있으나 그들이 그것을 하지 않으려고 한다며 흥분합니다. 그러면서 '이 캠프힐의 많은 이가 장애인이고 그들이 더 많은 목소리를 내야 하는데……'라고 말을 맺더군요. 정말 오랜만에 신선한 이야기와 모습을 보았습니다. 장애인 복지 운동과 관련해 아무리 진보적인 사람도 장애인에게 책임을 기대하거나 그들 스스로 중요한 결정을 하게 하는 일에 소극적임을 보아왔는데, 제게는 신선한 충격이었습니다. '아, 이 사람은 장애인을 장애인으로 생각하지 않고 있구나.'

아스트리는 매우 현명하고 지혜로운 사람입니다. 경계가 뚜렷하면서도 때로는 그 경계가 없으며 함께 살고 있는 장애인들에게 무엇이 필요한지 깊이 고민하고 실천하는 사람입니다. 그녀는 함께 사는 장애인들에게 최고급 옷을 구입해줍니다. 문화 행사나 공연이 있으면 만사를 제치고 함께 시내로 외출을 합니다. 문화행사에 다녀온 가족들은 문화적, 정신적 풍요로움을 한동안 일상에 간직하며 생활합니다.

어떤 공동체나 그 구성원들에 따라 상호간에 존중감이나 기대, 역할 등이 달라지는 것 같습니다. 무엇보다 제가 속해 있는 이 소공동체는 다행히도 뉴튼 디 캠프힐의 어느 소공동체보다 인간의 최고 가치를 실현하려고 노력하는 그런 공동체라 생각하며 돌아서는데, 다른 때와 달리 만감이 교차하였습니다.

뉴튼 디 캠프힐 농장에서 일하는 빌리저와 코워커들

모든 연령대를 위한 캠프힐 공동체들

이곳 '캠프힐'에서 시간을 보내면 보낼수록 참 아름다운 곳이라는 생각이 절실하게 듭니다. 때때로 한국에서 사회복지나 장애인복지 관련 일을 하는 사람들, 특히 정책 결정권자인 복지부 장관을 비롯한 사람들을 초대해서 어떻게 장애인과 비장애인이 더불어 아름다운 세상, 즉 아름다운 현실세계를 이루며 살고 있는지 보여주고 싶은 생각이 들 때가 있습니다.

앞에서도 얘기했듯이, 인생 절단 나는 결정을 하고 그로부터 독일의 비텐 안넨 발도르프 사범대학에서 5년간 발도르프

캠프힐 농장의 행복한 수확

특수교육 교사과정을 마치고 캠프힐, 즉 인지학을 바탕으로 세워진 장애인 공동체에서 다양한 것들을 경험했습니다. 이것들이 앞으로 한국에서 시작할 일들을 위한 좋은 모델이 되었음은 말할 나위가 없습니다. 그러다 보니 자꾸 욕심이 생겨서 누구든 초대해서 이곳을 보여주고 싶은 생각이 절실합니다. 그리하여 저와 함께 뜻을 모아 일하고자 하는 사람들을 모을 수 있으면 좋겠다는 생각이 간절해집니다. 여름 방학에는 한국의 옛 동료를 초청할 계획도 가져봅니다.

이곳 애버딘 지역, 제가 일하고 있는 뉴튼 디 캠프힐은 성인을 위한 공동체로서 30세부터 종신으로 머물 수 있는 곳입니다. 이곳을 중심으로 걸어서 10분 거리에 두 개의 발도르프 특수학교가 있는데, 이들은 중증 장애 아동들을 위한 공동체로서 아이들이 학령기를 보낼 수 있도록 도와주고 있습니다.

아이들이 학교를 졸업하면 만 17세부터 30세까지의 청년 장애인들이 베나허Beannacher라는 공동체에서 살게 됩니다. 뉴튼 디 뒤편 강 건너 마을에 다른 곳보다 더욱 아름다운 자연환경을 갖고 있는 이 단과대학 개념의 베나허 공동체에서는 허브 농장을 중심으로 집중적으로 직업기술을 배우며 생활하고 있지요. 이처럼 장애인이 각 연령에 따라 살기에 적절한 공동체가 있다는 것이 부러웠습니다.

또한 뉴튼 디 캠프힐에서 자동차로 10분 거리의 마을에는 일반 아동들을 위한 발도르프 학교가 있습니다. 장애인들과 함께 사는 비장애인 가족의 자녀들이 주로 이 학교를 다니고 있습니다. 독일과 달리 영국에서는 발도르프 학교들이 국가 보조 없이 운영되고 있기 때문에 이 지역의 각 캠프힐 공동체가 협력하여 학교운영비를 지원하고 있습니다.

또한 캠프힐 공동체에서 평생을 살던 하우스 페어런츠가 더 이상 일할 수 없어서 요양을 요할 때는 시미온Simion이라는 공동체에서 거주하게 됩니다. 그러니까 이곳 애버딘에만 캠프힐 공동체가 여섯 개가 있는 셈이지요.

공동체에서 살고 있는 모든 사람들은 자신이 가진 노동력을 나누려 세계 각국에서 모여든 이들입니다. 젊어서 경험을 쌓고자 이곳에 왔다가 평생을 지내는 사람들이 대부분이고, 어떤 하우스는 세대를 이어가면서 하우스 관리를 하는 경우도 있습니다. 국적과 문화는 다르지만 저마다 캠프힐의 문화를 받아들이고 적응하며 무엇보다 장애인들과 함께 사는 삶을 최선의 선택으로 삼고 사는 사람들이라 할 수 있습니다. 단기(1년 일정)로 머물고 있는 코워커들에게 캠프힐 공동체에 대한 이해를 돕기 위해 매주 목요일에 주변 시설을 견학하는 프로그램이 마련되고 있습니다.

지난주에는 캠프힐 이스테이트 루돌프 슈타이너 학교를 방문했습니다. 전교생은 모두 마흔다섯 명 정도이고 함께 거주하는 코워커도 마흔다섯 명 정도라고 합니다. 그러니까 학생 한 명에 코워커 한 명이 상주하며 아이들을 돌보고 있는 셈입니다.

캠프힐 이스테이트 루돌프 슈타이너 학교의 코워커와 아이들

학교에도 함께 등교하여 학급 내에서는 보조자가 되어 아이의 학교생활을 도와줍니다. 물론 이러한 시스템으로 코워커 개인 시간이 너무 부족하여 나름대로 불만도 있지만, 아무튼 지금까지는 이런 방법으로 캠프힐이 운영되어왔습니다.

견학을 하던 중에 젊은 코워커가 오후 여가시간에 아이들과 함께 기타 치며 노래 부르는 평화로운 장면을 보고 양해를 구하고 사진을 찍었습니다. 스코틀랜드의 푸른 대지와 아름다운 날씨가 이 한 장의 사진 속에 담겼는지 모르겠습니다. 6월의 스코틀랜드의 캠프힐은 푸르름이 깊어가고 푸른 초원에 양떼들이 한가롭게 풀을 뜯는 평화로움이 되살아나는 시기라 합니다. 한국의 많은 옛 동료들을 이곳에 초대하고 싶은 생각이 더욱 간절한 하루였습니다.

생일을 맞아 중국 음식점에서 가족들과 저녁을 먹는 도널드

도널드 영감님의 생일 파티

지난 목요일은 함께 살고 있는 도널드의 예순다섯 번째 생일이었습니다. 예순다섯 살은 이곳 영국에서 뭔가 '의미 있는 나이'라고 하더군요. 그는 생일 한 달 전부터 카운트다운에 들어가더니 2주일 전에는 자신의 생일 파티 초대자 명단을 만들고, 자신이 먹고 싶은 생일 음식을 주문하기에 이르렀습니다. 그는 야외 바비큐 파티를 원했고, 반드시 먹고 싶은 것은 소시지에 감자 튀김, 그리고 디저트로 초콜릿 케이크를 원했습니다.

아스트리와 저는 생일 카드 만드는 것에서부터 그가 요구한 생일 파티 준비를 하느라 바쁜 한 주일을 보냈습니다. 생일 파티에 초대한 사람은 모두 열일곱 명이었고, 우리 가족들은 거실과 바깥 정원을 꾸몄습니다. 만일의 날씨, 즉 갑자기 비가 와서 실내에서 음식을 먹을 경우까지 예상하여 아스트리가 세심하게 준비한, 65th라고 쓰인 풍선을 불어 집안 이곳저곳을 장식하였습니다. 우리가 실내장식을 하는 동안 도널드는 행복감으로 몸을 떨었습니다. 초콜릿 케이크 장식은 제 차지로 바깥에 지천으로 피어난 들꽃을 꺾어와 화려하게 장식하였습니다.

함께 생일축하 노래를 부르고 바비큐에 풍성한 저녁을 먹고 담소를 나눈 후 선물을 풀어보는 시간이 왔습니다. 아흔두 살로 뉴요크셔에 살고 있는 도널드의 어머니는 고운 색깔의 남방셔츠를 생일선물로 보냈습니다. 이 옷은 내일 생일 기념으로 떠나는 체코의 프라하 여행 때 입을 것입니다. 그 외에 다른 하우스의 친구들이 가져온 정성이 담긴 선물을 하나하나 개봉할 때마다 모두들 탄호성과 함께 한마디씩 거듭니다. "행복하겠다. 너는 이 세상에서 가장 행복한 사람이야."

선물을 개봉하는 그의 입은 다물어질 줄 모릅니다. 아스트리와 블라디미르는 그의 여행에 필요할 물건과 그가 특히 좋아하는 007 영화 필름을 예쁘게 포장하여 선물했습니다. 이 선물은 주말에 온 식구가 한자리에 모여 감상하게 될 것입니다. 저도 준비해간 한국의 악기 장구가 매달린 열쇠고리를 선물했습니다. 생일 파티를 마친 도널드는 내일의 여행을 위해서 짐을

생일을 맞이한 도널드와 생일 케이크

꾸리기 시작하였습니다.

　이 세상에서 가장 행복한, 자폐라는 장애 아닌 장애를 갖고 사는 예순다섯 살의 도널드, 그는 아주 좋은 환경에서 성장했다고 합니다. 아버지는 의사였고, 여동생은 지오그래픽 출판사의 저널리스트였다고 합니다. 그러나 그것은 물질적 풍요에서 오는 여유로움이라고 단순히 설명할 수 없을 것 같습니다.

　어떤 상황에서도 구김살 없이 당당하게 자신의 요구를 말할 수 있는 태도, 상대의 마음을 상하게 했을 때는 진심으로 미안해하며 'Sorry'를 말하는 표정, 그리고 매사를 긍정적으로 보고 감사하는 마음 등, 그를 보면 때묻지 않은 순수한 인간을 보는 느낌이며, 내 마음이 지옥 같은 순간 그를 보면 마음이 정화되는 것 같습니다.

그러면서 또 스스로 의문에 빠집니다. 캠프힐의 반복적이고 안정된 생활 덕분일까, 아니면 원래 장애가 경미했을까 하는 것입니다. 이곳 캠프힐 하우스의 장애인들은 거의 모두 낮에 어떤 일이든 자신의 작업장에서 일을 합니다. 물론 어떤 작업장에서도 과도한 생산량을 요구하지는 않으며 무임금 봉사자인 코워커들과 함께 일을 합니다. 사실 생산량의 대부분은 이들 코워커에서 나온다고 해도 과언이 아닐 것입니다. 장애인들은 매일 아침이면 정확한 시간에 식사를 하고 그들끼리 정리를 하고 각자의 일터로 향합니다. 매일 반복되는 일상이 지루해보이지만, 그들은 그 속에서 리듬을 갖고 평화와 안정, 행복감을 누리며 삽니다.

오늘도 190센티미터의 건강한 자폐 영감님 도널드는 농장에서 그 큰 덩치로 잡초를 뽑고 돌아왔습니다. 쪼그리고 앉는 것이 불가능하여 무릎을 꿇고 작업을 해야 해서 작업복 무릎 부분에 흙을 잔뜩 묻혀왔습니다. 빨갛게 그을린 그의 얼굴 어느 구석에도 고통과 욕심의 흔적이 없습니다. 그는 그런 순수하고 순박한 모습을 간직하며 한 세상을 살아가고 있습니다.

자치회의에 참석한 캠프힐 공동체 식구들. 뉴튼 디 캠프힐 대강당

뉴튼 디 캠프힐의 자치회의

이곳 생활에 익숙해지고 또 많은 사람들과 만남이 깊어지다 보니 소식을 전하는 일에 자연히 소홀해집니다. 오늘은 모처럼 이곳 뉴튼 디 캠프힐 자치회의를 소개하겠습니다.

이곳 캠프힐이 장애인 공동체라고 해서, 혹은 장애인은 도움이 필요한 사람이라고 해서 모든 공동체의 운영이 비장애인인 하우스 페어런츠와 코워커들에 의해서 이루어지는 것은 아니더군요. 그렇다면 소위 일상생활에서 판단력과 종합력 등에 문제가 있다고 하는 장애인들이 어떻게 그들의 공동체 회의를 이끌어나가는지 그 진행과정을 살펴보겠습니다.

뉴튼 디 캠프힐 미팅(전체 공동체 회의)은 매월 첫 번째 수요일 전체 빌리저와 하우스 페어런츠, 코워커들이 공동체에서 일어나는 변화와 문제점을 토의하고 결정해가는 모임입니다. 어제는 많은 사람들이 휴가 중이라 2/3 정도가 참석했지요.

우선 사회를 보는 사람은 매튜라는 자폐 성향이 있는 건장한 청년이었습니다. 그는 누구와도 눈을 마주치지 않지만 또박또박 정확한 발음으로 회의를 진행해나갔습니다. 길에서 마주칠 때 아무리 아는 척을 해도 그는 늘 같은 말과 같은 목소리로 답인사를 하고 지나갑니다. 사회적 상호관계 형성에 어려움이 있지만, 자신의 책임과 역할에 대한 열정이 뚜렷한 사람입니다.

첫 번째 순서로 여름에 이모 댁으로 3주일간 휴가를 다녀온 헤리와 그녀의 남자친구 샘이 자신들이 찍어온 사진을 보여주며 여행 보고를 했습니다. 다음으로 새로운 코워커와 떠나갈 코워커의 송별인사와 소개가 있었습니다. 세 번째로 캠프힐 공동체 내의 쓰레기 분리수거에 대한 토의를 했습니다. 네 번째로 현재 진행 중인 다리 공사에 대한 안내와 주의를 요하는 당부 말이 있었고, 마지막으로는 크리스마스 이후부터 시작될 카페의 내·외부 공사에 관한 안내가 있었습니다. 진행자 매튜를 도와서 목공소의 마이스터 토마스가 회의록을 적어 나갔구요.

예견된 일이지만, 세 번째 안건인 쓰레기 분리수거에 대한 토의가 끝나고 다리 공사에 대한 주의를 이야기하며 각자 의견

캠프힐 공동체 회의를 마치고 나오는 사람들. 뉴튼 디 캠프힐의 부속 건물

을 내고 있는데, 이웃 하우스의 데이비드가 분위기 파악을 못하고 아직도 쓰레기 분리수거에 대해 열변을 토하고 있었습니다. 그러자 누군가가 점잖게 그 이야기는 이미 지나간 이야기라고 하자 미안하다고 하면서 자리에 앉습니다. 그렇다고 회의가 경직되거나 어색해지지 않습니다. 데이비드의 기를 죽이거나 비난하는 것 또한 아니지요. 그저 데이비드의 특성을 이해한 많은 사람들이 그에게 잠깐 회의 안건을 환기시켜줄 뿐이었습니다.

카페테리아가 내부 공사로 3개월 정도 문을 닫을지 모른다고 하자 그러면 티타임을 어디서 갖느냐고 벌써부터 걱정하는 친구도 있었습니다. 모든 것이 계획적으로 이루어지고, 모두가 공동체의 일원으로 알아야 할 권리를 충분히 누리고 있는 것 같았습니다. 최근 한국에서는 장애인들의 자기 결정, 혹은 장애인 당사자주의 등의 이름으로 장애인 스스로 자신의 요구와 권리를 적극적으로 행사할 수 있도록 도와주어야 한다는 이론들이 대두되고 있다고 합니다. 제가 이곳 캠프힐 공동체에서 생활하며 이러한 이념, 혹은 이론들이 삶 속에서 실천되는 모습들을 보면서 더욱 큰 감동을 받았습니다.

이상적인 이념은 목소리를 높여 부르짖는다고 해서 우리의 일상 속에서 실현되는 것이 아니라는 것과 함께, 한국에서 캠프힐을 설립할 수 있는 이런저런 가능성을 다시 한 번 생각해보며 집으로 돌아왔습니다.

크로프트 하우스 전경. 뒤로 보이는 집이 화가 아줌마 유타의 집

하우스 마더 되기 1

스코틀랜드에서 보내는 편지를 마무리하기 전에 몇 가지 이야기를 더 해볼까 합니다. 다름이 아니라 하우스 페어런츠가 휴가를 떠난 일주일간의 사건을 이야기하려구요.

3주일 전에 우리 하우스에 새로운 코워커, 즉 저의 후임으로 젊은 독일 친구가 이미 왔답니다. 그녀의 이름은 '안네'이고, 독일의 카젤 지방에서 인지학을 바탕으로 한 사회복지를 공부하고 있으며 올해가 1년간 실습을 하는 기간이라고 하더군요. 성격이 시원하고 워낙 적극적이라 무슨 말을 꺼내기가 무섭게 실행에 옮기는 통에 무지 황당할 경우가 있을 정도였답니다. 하우스 페어런츠가 휴가를 얻은 일주일간은 그 친구와 하우스를 맡아서 운영하는 시간이었지요.

이곳 공동체에 소속된 스물세 가구는 서로 왕래하지 않으면 소통할 일이 별로 없게 되지요. 다른 집이 어떻게 사는지 모르는 건 당연하구요. 그래서 생긴 제도가 어느 한 하우스가 일주일에 한 번은 다른 하우스로 점심을 초대받아서 가게 됩니다. 그때 자연스럽게 그 하우스의 다른 문화도 접하고 서로 친해지는 계기를 마련하려는 취지랍니다.

그러나 우리 집의 경우는 작은 하우스이다 보니 식탁이 작아서 다른 사람을 초대할 기회가 별로 없던 차에 하우스 페어런츠의 휴가를 계기로 평소 초대하고 싶었던 사람들을 초대하기로 했답니다. 저는 이웃 하우스에 사는 화가 아줌마 유타를, 도널드는 자신의 친구 아치를, 로즈마리는 자신의 남자친구 말콤을, 데비는 시미온 공동체에 사는 친구 수잔을 초대하기로 했답니다.

매일 하루씩 돌아가면서 자신이 원하는 사람을 초대하여 이야기를 나누며 점심식사를 했지요. 그런데 무엇보다도 도널드의 친구 아치는 우리 집에 초대된 것이 그의 일생 중에 처음 있는 일이라고 하더군요. 도널드는 매주 금요일 저녁에 뉴튼 디 하우스에 살고 있는 아치를 방문하여 함께 신문도 보고, 정치에 대한 대화도 하고, 또 축구 이야기도 하면서 시간을 보내고 돌

크로프트 하우스의 가족과 친구들
1 로즈마리와 데비
2 도널드와 아치의 행복한 티타임
3 가족 주말 나들이(왼쪽부터 도널드, 나, 로즈마리, 데비)

아오지요. 아치 역시 자폐 성향과 사회성에 문제가 있어 이곳에서 생활하고 있다고 합니다.

점심식사를 마치고 아치를 거실로 안내한 후 앉아 있는데 도널드는 매일 자신이 식사 후에 하는 부엌 바닥 청소를 하느라 여념이 없는 겁니다. 그래서 오늘은 제가 바닥 청소를 할 테니 아치와 놀라고 하면서 차를 권했더니 커피를 마시겠다고 하더군요. 둘이 거실에서 식사 후 커피를 즐기며 앉아 있는 모습이 얼마나 행복해보이는지 저까지도 행복 바이러스에 감염될 지경이었지요. 제가 그 모습을 사진에 담았답니다. 물론 아치의 양해를 구하고 난 후에 말입니다.

하우스 페어런츠가 휴가를 간 1주일간 저는 매일 밤 하우스를 지키느라 한

번도 동네 펍을 갈 수가 없었답니다. 물론 저녁 9시 이후에는 모든 빌리저들이 각자의 방에서 잠을 자기 때문에 별일이야 없겠지만, 혹시 제가 하우스를 나간 사이에 무슨 일이 일어나면 어찌할까 하는 책임감 때문에 아무리 중요한 약속이라도 그들을 두고 외출할 수 없더군요. 만일 하우스 페어런츠가 젊은 사람들이라면 매일 저녁 집을 지키는 일이 쉽지는 않을 것이라 생각했답니다.

항상 불만이 많은 로즈마리는 가는 날이 장날이라고 목욕탕의 수도가 고장이 나서 따뜻한 물을 사용할 수 없다고 투덜대서 끙끙거리며 고쳐주고, 어느 날은 그녀 방의 전구가 나가서 또 열심히 전구도 갈아주고 하였더니 그제서야 저에게 '고맙다'라는 말을 하더군요. 그녀에게 고맙다는 말 듣기는 이곳에 온 이후 처음 있는 일이었지요. '아, 로즈마리도 고맙다는 말을 할 줄 아는 사람이구나.'라는 것을 처음 알게 된 기쁜 날이었답니다. 책임을 갖고 하우스를 운영하다 보니 함께 사는 장애인들에게 더욱 섬세한 관심과 배려가 생기게 됨을 알게 되었답니다.

목장에서 우유를 가져오는 데비, 뉴튼 디 캠프힐, 애버딘

하우스 마더 되기 2

도널드는 하우스 페어런츠의 휴가기간에 맞추어 일주일간 뉴요크셔에 사는 아흔두 살 된 어머니의 집에 다녀왔답니다. 떠나면서 엽서를 보내겠다고 약속하더니 정말 저에게만 두 장의 엽서를 보냈답니다. 모두들 부러워했지요. 그러한 계기는 다름 아닌 그 전 일주일간 제가 하우스 마더 노릇을 하던 때 벌어진 사고 덕분이랍니다.

주말에 점심식사를 마치고 우리는 모두 동네 카페로의 외출을 준비했답니다. 그날도 로즈마리는 뭔가에 기분이 상했는지 표정이 좋지 않았습니다. 오른쪽 길로 가던 중 왼쪽 길로 가야 한다고 투덜투덜. 집에 다시 가고 싶냐고 물으니 그건 아니라 하더니 카페에서 커피와 케이크를 먹고 시간이 되어 집에 돌아가자고 하니 이번에는 더 있다 가겠다고 고집을 부리기 시작했답니다.

이렇게 실랑이를 벌이는 사이에 성격상 기다리지 못하는 도널드가 혼자 밖에 나와 우왕좌왕하더니 발을 헛딛어서 넘어져 바지가 찢어지고 무릎에서 피가 나는 것이었습니다. 전날 많은 비로 인해 도로 한 구석이 움푹 패인 것을 미처 보지 못하고 발을 잘못 디딘 탓이었지요. 190센티미터 장신의 할아버지가 넘어져 무릎에서 피가 철철 흐르니 어찌나 안쓰럽고 미안하든지 하우스에 돌아온 후 시간이 날 때마다 약을 발라주었더니 아마도 그것이 고마웠던 것 같았어요. 물론 그 착한 영감님, 사고가 난 후 자신이 잘못해서 그런 것이라고 제게 연신 미안하다고 말했습니다.

만일 이들에게 어떤 중대한 신체적 손상이 있으면 보고서(경위서)를 작성해야 하는 건 물론이고, 담당 사회복지사에게 즉시 알리고 개별 서류에 보관해야 합니다. 얼마 전 신경이 예민한 로즈마리가 오전에 일을 마치고 돌아오는 길에 이웃 하우스의 개를 잘못 건드려 손을 살짝 물렸던 기억이 났습니다. (아마도 개에게 시비를 걸었던 모양이라고 목격자들이 이야기를 했지만……) 이때 아스트리는 즉시 응급처치를 하고 병원에 다녀왔고 자세한 사건 경위를 기록하여 관할 사회복지사에게 보고하더군요.

저 역시 이번이 처음 있는 일이라 당황하긴 했지만, 그리 심각한 부상이 아니어서 일단 하우스 안에서 치료하기로 하였습니다. 아스트리와 블라디미르가 돌아오자마자 상처를 보여주고 설명했더니 괜찮다며 놀라지 않았느냐고 오히려 저를 위로해주더군요.

아무튼 한 하우스를 맡아서 운영한다는 것은 참으로 많은 것을 책임지고 감당해야 하는 일이라 생각했습니다. 장애인 개개인의 정신적, 물리적 환경들을 가장 최적의 상태로 만드는 일이 그리 만만한 일은 아니라 생각했습니다. 무엇보다 책임감이라는 부분은 더 크게 작용하더군요. 평상시 하우스 페어런츠에게 특별한 불만이 있었던 것은 아니지만, 하우스를 관리하고 운영하는 사람들의 입장을 더 잘 이해하게 된 것은 물론이지요.

아스트리와 블라디미르가 여행에서 돌아오자마자 저는 '자유~'를 외치며 펍으로 향하면서 그들에게 말했답니다. "그전 5개월 동안 경험했던 것보다 지난 한 주일간 경험했던 것이 더 컸던 것 같다."고. 그러면서 당신들을 더 많이 이해할 수 있는 계기가 되어 좋았다고 살짝 고백했답니다. 물론 그들은 작은 미소로 답했구요.

이렇게 작은 모습에서 행복을 찾아내는 것을 보니 이제 캠프힐 여정이 끝나가는 것 같습니다.

마흔다섯 살에 자전거 배우기

독일과 영국을 떠돌며 살았던 6년간 새롭게 갖게 된 취미를 들라면 수영과 자전거를 꼽을 수 있답니다.

수영은 독일에서 오랫동안 책상에 앉아 무리했더니 생긴 요통 문제로 의사가 권하여 시작해서 결국 독학으로 (물론 수영장의 할머니 할아버지들이 많은 조언을 해주었지만) 배우게 되었습니다. 자전거는 몇 번 시도하다가 자동차 덕분에 포기했고, 이곳 영국의 캠프힐에 와서는 자전거 배우는 것이 두려웠던지 걷기 예찬을 하며 배우는 것을 미루던 어느 날 이곳 코워커들의 자전거를 관리하는 아취가 내 다리(숏다리)에 맞는 자전거를 자신의 용돈으로 구입해오는 사건을 계기로 울며 겨자먹기로 자전거를 배우기 시작했습니다.

사정인즉, 이곳에 아취라는 이름의 정년퇴직한 장애인이 있는데, 심각한 장애라기보다는 편집증적인 면과 다중인격으로 인하여 일반적인 사회생활에 어려움이 있는 분이라고 하더군요. 그분은 자전거 수리 일을 무지 좋아하고 매우 열중하여 자전거 수리 때문에 식음을 전폐하는 일도 비일비재하다고 합니다. 그가 소유한 자전거는 모두 이십 대로 코워커들에게 한 달에 4파운드씩 대여료를 받고 빌려주고 있답니다. 그러나 그 돈을 제대로 걷지도 않거니와 수리비는 배보다 배꼽이 더 크다고 합니다.

이곳에 오던 4월에 저는 아취에게 내게 맞는 작은 자전거가 있느냐고 물으니 지금은 없다고 하더군요. 그러면서 자전거가 꼭 필요하냐고 물었고, 만일 꼭 필요하면 새로 구입하겠다고 합니다. 나이 마흔다섯이 넘어서 자전거를 배우는 것에 두려움이 앞섰던지 "뭐 꼭 그런 것은 아니라……." 하며 괜찮다고 하였지요.

그 후 걸어다니는 것이 조금 답답해서, 아니 내 앞을 쌩쌩 달려나가는 자전거 탄 코워커들이 부러워 8월에 아취에게 다시 자전거에 대하여 물으니 내게 맞는 자전거가 있다며 조만간에 준비하겠다고 합니다. 나는 누군가가 기증한 자전거가 있는가 했지요.

그러던 어느 날 자전거를 가져가라는 연락이 왔지요. 가보니 새 자전거였답니다. 알고 보니 내게 맞는 작은 자전거를 일부러 구입한 겁니다. 그러면서 한 달에 4파운드 내고 쓰면 된다고 합니다. 내가 너무나 놀라고 기뻐하자 그도 함께 기뻐합니다. 그 하우스에 사는 다른 코워커에 의하면 전날 시내에 나가서 작은 자전거를 구입하여 이곳까지 그의 긴 다리로 고생하며 타고 왔다고 합니다. 그러면서 내가 기뻐하더냐고 몇 번을 물어보았다고 합니다. '아.'

그 후 저의 목표는 자전거를 타고 집에서 십 킬로미터 떨어진 최초의 캠프힐 학교 캠프힐 이스테이트까지 가는 것이었습니다. 매일 아침 일어나 자전거를 타기 시작했지요. 온몸에 상처가 나고 운전 미숙으로 페달에 찢겨 피나고 멍들고 말이 아니었습니다. '에휴, 이렇게까지 해서 배워야 하는지……'

그 후 9월 9일, 저의 생일날 아침 드디어 캠프힐 이스테이트까지 자전거를 타고 다녀오는 데 성공했습니다. '야호, 마흔다섯 살에 자전거 배웠다!' 내게 자전거 타는 것을 가르쳐준 캠프힐의 젊은 친구 현미. 사실 그녀의 엄마와 저의 나이 차이는 불과 두 살이더군요. 그러니 딸이나 마찬가지라 할 수 있지요. 현미는 나의 자전거 교사일 뿐 아니라 캠프힐 생활을 하는 동안 늘 제게 용기와 격려를 주었습니다. 그녀와 이별할 생각을 하니 벌써부터 가슴 아파옵니다.

인지학과 발도르프 교육

3부

신나게 뛰어노는 보덴제 발도르프 학교 어린이들, 독일 위버링엔

보덴제 발도르프 학교의 어린이들, 독일 위버링엔

인지학과 발도르프 교육에 대하여

인지학이란

인지학Anthroposophy이라는 말은 그리스어로 사람을 뜻하는 Anthropos와 지혜를 뜻하는 Sophia의 합성어이며 한자로는 人智學이라 씁니다. 인지학의 창시자인 루돌프 슈타이너Rudolf Steiner(1861~1925)는 인지학이란 '인간에 대한 지식'이 아니라 '인간의 본질에 대한 인식'이라고 설명했습니다(슈타이너 전집GA, 257~276쪽). 마이스터 에크하르트Meister Eckhart(1260?~1328)는 '자신이 왕인데 그것도 모르고 있다면 그는 왕이 아닌 것이다.'

발도르프 학교 수공예 시간에 만든 작품들
1-4 뜨개질. **5-7** 인형 만들기. **8** 펠트

발도르프 학교 수공예 시간에 만든 작품들

아동들의 사고, 감정과 의지를 조화롭게 발달시키기 위한 수공예 수업은 철저히 아동 발달 단계에 따라 이루어진다. 코바늘 뜨기로 만든 것을 비롯해 콩주머니, 리코더 주머니 등 자신이 사용하는 물건을 직접 제작함은 물론, 고학년이 되면 직접 의복을 제작하는 등 다양한 천연 재료를 이용하여 예술 작품을 만들어낸다. 이러한 예술적 표현을 통한 감성 교육이 수공예 수업 시간에 이루어진다.

9 목공예
10 금속공예
11 바구니 짜기
12 수공예 수업 장면

2005년 청주국제공예비엔날레 한·독 발도르프 학교 어린이 수공예 작품 전시회 출품작

스위스 바젤의 도르나흐에 위치한 세계 인지학 본부 괴테아눔, 루돌프 슈타이너 설계, 1928년. 처음에 지은 괴테아눔은 1922년 화재로 소실되고 두 번째로 지은 건물. 슈타이너 자신이 건축을 설계했으나 건물이 완공되기 전 1925년에 사망했다.

라고 부연 설명했습니다.

    오스트리아 출신의 루돌프 슈타이너에 의하여 이론이 정립된 인지학은 사회의 각 분야에서 그 철학적 바탕으로 적용되기 시작하였습니다. 교육은 물론 장애 아동을 위한 특수교육과 예술(음악, 미술, 오이리트미), 치료, 의학, 제약, 건축업, 금융업 등 다양한 분야에서 그 철학적 뿌리를 굳건히 해나가고 있습니다. 슈타이너의 교육철학을 바탕으로 한 발도르프 유치원은 전 세계에 1,500개가 넘으며 발도르프 학교는 특수학교를 포함하여 900여 개 이상이 설립되어 운영되고 있습니다.

발도르프 학교 역사

1919년 독일 슈투트가르트에 인지학을 바탕으로 한 최초의 발도르프 학교가 설립되었습니다. 이 최초의 학교는 발도르프-아스토리아 담배공장터 중 일부를 활용하여 그곳에서 일하는 노동자의 자녀들을 대상으로 교육을 시작한 것입니다.

당시 유럽 사회에는 세계사적인 변화가 일어나기 시작했습니다. 사회주의체제로 인하여 교육이 획일화되고, 물질주의적인 발상이 곳곳에 만연하였던 그 시기에, 슈타이너의 사상에 깊이 공감하고 지지하던 사람들을 비롯하여 아스토리아 담배공장 사장 에밀 몰트Emil Molt의 조건 없는 기증을 통하여 발도르프 교육이 시작되었습니다.

1919년 당시 256명으로 시작된 최초의 발도르프 학교는 1922년 커다란 경제적 · 내적 어려움을 극복하고 1924년 학생 수가 784명으로 증가하면서 학교의 명성도 빠르게 퍼졌습니다. 1922년에서 1924년까지 영국과 네덜란드에서 교사 강좌가 개설되었으며, 새로운 교육 예술에 관하여 대규모 교육회의가 스위스에서도 열려 1,700여 명이 참석하는 등 큰 관심을 불러일으켰습니다.

슈타이너의 교육 철학

'교육의 질은 교사의 질을 능가할 수 없다.'는 사실을 절실히 인식하고 있었던 슈타이너는 새로운 교육을 위하여 교사들

루돌프 슈타이너와 괴테아눔 첫 번째 건물 모형, 1914년 사진. 1920년에 처음 지어진 괴테아눔은 1922년에 화재로 소실되었다.

을 직접 모집하기 시작했습니다. 각 분야에서 전문직업인으로 일하던 사람들을 독려하여 개교를 앞두고 3주일간 교사를 위한 세미나를 개최하기에 이르렀습니다. 이때 다룬 내용으로 교육의 의미는 인간의 본질을 알고 교육하는 데 있으며, 이 과정에서 인간이 어떤 존재인가를 알아가고, 세상을 알아가는 것이 바로 인지학의 본질에 접근하는 길이라 하였습니다. 슈타이너는 이를 실천하는 장으로서 학교를 설립한 것입니다.

아이들을 교육하는 교사는 그렇기 때문에 인간의 본질, 그리고 교육자로서 자신이 어떤 존재인가를 겸허하게 알아가는 것이 우선 필요하다고 했습니다.

슈타이너는 『인간에 대한 보편적 앎』(2007)에서 다음과 같이 역설하고 있습니다.

만일 아이들을 가르치는 교사가 이런 사실을 제대로 알지 못한다면, 아이들의 영혼에 얼마나 역효과를 가져오겠는가. 혹은 만일 교사가 인간이 어떤 존재인지를 제대로 알지 못한다면, 보이는 모습만이 전부라 생각하고 많은 부분을 간과해버리는 어리석음을 범할 수 있는데, 그 어리석음이 미치는 영향은, 단지 어린이가 이 생애에서 살아가는 동안만이 아닌 다음, 다음 생애에도 계속되는 과정에서 좋지 않은 영향을 미칠 수 있다.

슈타이너의 인지학에서 인간을 바라보는 관점은 매우 독특합니다. 왜냐하면 인간의 삶을 탄생과 죽음의 과정으로만 보지 않고, 출생 이전부터 사망 이후까지를 포함하여, 비록 물질적 육체는 흙으로 돌아가지만 인간 존재가 갖고 있는 '정신성'은 계속해서 진화, 발전한다고 보기 때문입니다.

이렇듯 약 100년 전, 슈타이너는 최초의 발도르프 학교 개교를 앞두고 교사들에게 했던 인간에 대한 보편적인 이해에 대한 강의에서 기회가 있을 때마다 교사의 질적인 준비를 강조하고 있습니다. 만일 우리 나라의 교육현장에 있는 교사들이 이러한 생각을 염두에 두고 매일 아침 아이들을 만난다면, 시험성적이 좋지 않다고 벌로 물을 먹이고, 학부모로부터 돈과 향응을 받고 그 대가로 내신을 높여주는 등과 같은 일은 일어나지 않을 것이며, 아이들의 배울 권리와 가르칠 권리를 담보로 거래하는 일은 없지 않았을까 하는 생각을 해봅니다.

비텐 안넨 발도르프 사범대학 구내

발도르프 사범대학교 소개

어디에 있는지

발도르프 사범대학은 1919년 최초의 발도르프 학교 개교를 앞두고, 교사를 확보하기 위하여 시작된 슈투트가르트 교사 양성 세미나로 역사를 거슬로 올라갈 수 있습니다.

그로부터 약 한 세기의 세월이 흐르는 동안 독일 전역에서 발도르프 학교 교사를 양성하는 발도르프 사범대학은 급속도로 증가하여 모두 일곱 개가 되었습니다.

위에서부터 북부 독일 쪽에는 베를린, 함부르크에 있으며,

중서부 지역은 비텐 안넨, 중부지방은 카젤, 남부는 만하임, 슈투트가르트, 프라이부르크에 있답니다.

앞의 지역 중에서 일반 발도르프 학교의 교사를 양성하고 장애 아이들을 위한 특수교사과정도 있는 곳은 제가 다니는 비텐 안넨과 만하임, 카젤의 발도르프 사범대학들이며 남부에 있는 바트 볼 세미나에는 장애인을 위한 사회복지사 과정과 보육사 과정이 있습니다.

비텐 안넨 발도르프 사범대학

비텐 안넨 발도르프 사범대학은 지금부터 32년 전, 급속하게 보급되기 시작한 발도르프 학교의 교사 수급 계획에 따라 몇몇 뜻있는 중부권 발도르프 학교의 경력교사와 인지학자들이 설립했답니다. 남부 슈투트가르트의 교사과정이 고전적이고 아카데믹한 분위기라면, 제가 공부한 중서부의 공업도시에 있는 비텐 안넨 발도르프 사범대학의 교사과정은 더 개방적이고 자유로움을 추구하는 조금은 다른 분위기에서 시작되었다고 볼 수 있습니다.

비텐 안넨 발도르프 사범대학에는 네 개의 건물이 있습니다.

먼저 80년 전 세워진 구관(사범대학 건물로 사용되기 전에는 다른 용도의 건물이었다고 한다.) 1층에는 학교 식당과 주방이 있답니다. 2층에는 사무실과 강사 휴게실, 대강당, 도서관이 있습니다. 대강당에서는 오이리트미 공연과 전체학생회의, 각종 공연이 열

비텐 안넨 발도르프 사범대학 구관 전경과 신관으로 이어지는 통로

비텐 안넨 발도르프 사범대학 신관 외관과 1층 카페테리아

리고, 아쉬운 대로 1학년 학생들의 오이리트미 연습장소로도 쓰입니다. 도서관에는 슈타이너의 모든 저서와 관련 서적, 기타 인지학과 관련된 많은 장서들이 있습니다. 에릭이라는 사서가 있는데, 이 친구의 머릿속에는 모든 책 목록이 다 들어 있어 인지학과 관련하여 어떤 책을 봐야 하는지 내용을 얘기하면 몇몇 책을 추천해줍니다. 4년간 많은 도움을 받았던 친구랍니다. 3층에는 교수 연구실과 학교 관리자의 집이 있지요.

구관에서 복도를 통해 옆 건물, 신관과 연결됩니다. 신관은 15년 전에 새로 지은 것으로, 이 건물에서는 주로 담임교사과정 강의가 개설됩니다. 건물 현관에서는 예술 전공 학생들의 개인전과 졸업전 등이 연중 내내 열린답니다. 건물 중앙에는 커다란 홀이 있어 연극 공연이나 파티도 열리고, 매주 목요일 전체 학생들이 둥그렇게 모여서 음악교수인 토비아스와 브라스 교수의 지도로 함께 노래를 부릅니다.

1층에는 예술 전공 학생들의 실기실과 연극 공연장, 3학년 학생들의 오이리트미 연습실, 자연과학실, 학생회 사무실, 학생회에서 운영하는 쉼터인 카페가 있답니다. 학생회 사무실 구석 벽에는 특수교육 전공자들을 위한 게시판이 설치되어 있지요. 2층에는 교수 연구실과 오이리트미 4학년 학생들의 연습실, 경력교사를 대상으로 하는 단기 1년 과정의 교사 세미나실이 있습니다. 3층에는 멀리서 오는 외부 강사나 손님들을 위한 숙소가 있으며 4층에는 예술 전공자를 위한 아틀리에가 있습니다. 그리고 지하에는 수공예 전공 학생의 작업실과 음악 전공 학생의 개별 연습실이 있습니다.

이 건물 옆으로 부속 건물에는 목공예 작업실과 금속공예 작업실이 있습니다. 전에는 악기를 만들던 코로이Choroi 공장이 있었으나 경영난으로 철거되어 앞으로는 연극 전공 학생들의 연습실로 활용될 예정입니다.

학교 진입로에서 처음 만나는 부속 건물에는 특수교육 전공 강의실과 세계 발도르프 학교 학생들을 직접 돕는 기구인 카프투라Kaptura 사무실, 외국어(영어, 스페인어 등) 전공 학생들의 강의실이 있습니다.

지금까지 학교의 각 공간이 어떻게 사용되는지 소개했습니다. 이 공간에서 어떠한 과정을 배우는지 좀 더 구체적으로 살펴보겠습니다.

무엇을 배우는지

비텐 안넨 발도르프 사범대학은 세계 각국에 있는 발도르프 학교 교사를 양성하는 사범대학입니다. 고등학교 졸업 후 입학하면 4년간 수학하며, 대학 졸업 후 입학하면 본과인 2학년부터 시작합니다.

전공 과목은 어떤 것이 있을까요? 담임교사과정 이외에 개인이 선택할 수 있는 전공 분야는 음악, 오이리트미, 미술, 수공예, 연극, 특수교육, 농업, 외국어, 수학, 과학, 행정 분야가 있습니다. 그러나 음악 전공과 오이리트미 전공은 특성상 담임교사과정까지 하기에는 더 많은 시간과 노력이 필요하여 전공만 선택하도록 권장하고 있습니다.

수학 연한은 개인에 따라 다릅니다. 즉 개인의 교육 배경, 다시 말해서 인지학이나 발도르프 교육을 어느 정도 경험했느냐에 따라 각각의 수학 연한이 달라집니다. 입학 면접 때 개별적으로 수업 연수가 정해지지만, 기본적으로 고등학교를 졸업하고 시작하면 총 4년이 걸립니다. 그러나 특수교육을 전공할 경우에는 사전 실습(10개월), 그리고 기본과정 4년에 1년간 장기 실습을 해야 하므로 총 6년의 수학 기간이 필요합니다.

우선 모든 담임교사과정은 오전에 진행되고, 오후에는 각 학생들이 선택한 전공수업이 오후 5시까지 진행됩니다. 수업은 월·화·목·금요일에 있으며 수요일에는 특별 프로그램으로 진행됩니다. 예를 들어서 현장교사들이 와서 자신들의 경험이나 1학년부터 12학년 교육 현장에서 이루어지는 수업 형태에 대한 집중적인 사례를 소개해주기도 합니다.

농업 전공 학생들의 야외 실습장에서는 슈타이너의 생명역동농법에 따라 농사, 정원 가꾸기, 축산을 합니다. 이곳에서 무농약 농산물과 맛있는 빵과 유제품을 신청해서 먹기도 합니다.

입학할 당시 제가 이곳에서 제일 나이가 많을 것이라고 생각하고 왔으나 그저 중간 정도 연령이었답니다. 저보다 훨씬 나이 많은 사람들이 그간 다른 분야에서 사회생활을 하다 우연한 기회에 발도르프 교육이나 인지학을 만나 자신의 진로를 바꾸기 위해 온 사람들이 꽤 많았습니다. 이렇듯 언제든지 자신이 원하는 일을 선택할 수 있는 이들의 환경이 참 부러웠습니다. 우리처럼 한번 회사원은 영원한 회사원, 한번 교사는 영원한 교사가 아니라 언제든지 자신이 원하는 일을 다시 선택할 수 있는 사회적 기회가 많다는 것에 부러움을 느꼈습니다.

전공수업과 담임교사과정을 마친 후 거치게 되는 졸업반에서는 특별한 과정을 이수하게 됩니다. 1년간 매주 한 번씩 모여서 어떤 교사가 되어야 하는지, 아이들에게 어떻게 다가가야 하는지, 매우 심도 깊은 토론과 자신의 경험을 나누는 모임을 계속합니다. 또한 우리 나라의 사범대학과는 다른 매우 엄격한 수업시험을 치릅니다. 두 명의 책임지도교수 외에 여섯 명의 교수가 한 조가 되어 수업을 참관하고 토의합니다. 그러나 이 과정은 평가를 위한 과정이 아니라 어떻게 하면 좋은 수업을 구성할

농업 전공자를 위한 농장, 비텐 안넨 발도르프 사범대학

수 있을지 조언하고 돕는 과정입니다.

그렇지만 아무리 모든 과정을 마쳤다 하더라도 교단에 서서 아이들을 가르치는 것에 문제가 있다고 판단되면 인정사정 없이 다른 길을 권유하고 교사가 되는 길을 허락하지 않습니다. 실습하는 과정에서 많은 스트레스가 있긴 하지만, 철저히 지도해주는 교수들의 애정과 관심에 새삼 고개가 숙여집니다.

졸업식을 마친 후 흥겨운 졸업 축하 파티. 비텐 안넨 발도르프 사범대학

졸업, 새로운 출발

그간의 모든 과정을 마치고 드디어 졸업반에 들어갔습니다. 다른 사람들보다 조금 빠른 진도로, 또 빨리 한국에 돌아가 일하고 싶은 생각에 줄창 달려서 졸업반에 합류했습니다. 그런데 졸업 준비가 생각보다 쉬운 일이 아니네요.

아직도 학점관리가 더 필요하고, 예술 과목도 더 들어야 졸업할 수 있습니다. 발도르프 학교의 교사가 되고자 하는 사람이라면 예술 과목을 주어진 시간만큼 이수해야 졸업할 수 있습니다. 주요 예술 과목으로는 미술과 음악, 오이리트미, 그리고 교사의 바른 언어생활을 위한 예술적 언어 표현인 언어 형성 Sprachgeschtaltung이 있습니다. 그만큼 교사의 예술적인 감성을 중요시한다는 측면이 있는 것이지요.

제가 제일 좋아하는 예술 과목은 오이리트미Eurythmie랍니다. 그래서 오이리트미와 음악을 집중적으로 듣고 있답니다. 오이리트미는 '보여주는 시', '보여주는 음악', '보여주는 미술'이라는 독특한 동작예술로서 슈타이너에 의해서 창시된 예술 분야입니다. '보여주는 시'라고 하는 이유는 동작을 통해서 소리의 특성과 몸짓으로 감성을 표현하기 때문이며, '보여주는 음악'이라고 하는 것도 음악의 각 톤과 화음까지 동작으로 보여주기 때문입니다. 또 색채도 동작으로 표현할 정도로 우리가 보통 생각하는 율동이나 운동의 개념이 아닌 독특한 예술양식입니다. 오이리트미는 발도르프 학교뿐 아니라 일반 직장이나 단체에서 활용되며, 장애 아동이나 환자, 심리적인 문제를 갖고 있는 이들을 위한 치료 오이리트미도 행해지고 있습니다.

오이리트미의 의의는 물질화된 일상생활 속에서 자신의 에테르체와 우주 에테르의 흐름을 조화시키기 위해, 의식적으로 동작을 조절하며 건강한 호흡을 하게 하여 결국 에테르체가 신체와 균형을 이루는 데 있다고 합니다. (루돌프 슈타이너는 인간이 네 개의 구성체로 이루어졌다고 설명했는데 그것은 신체Leib, 에테르체[혹은 생명체, 사고체]Äther Leib, 아스트랄체[혹은 감성체]Astral Leib, 자아조직Ich Organisation이다. 인간이 갖고 있는 에테르체와 우주를 둘러싼 에테르의 흐름을 조화시켜 나가는 것은 결국 호흡을 통해서이며 올바른 호흡법을 가르치는 활동들이 발도르프 교육방법에 포함되어 있다.) 발도르프 학교에서는 일주일에 한 번씩 오이리트미 수업을 하는데 아이들은 이 시간을 손꼽아 기다린답니다.

제가 다니는 사범대학의 발도르프 특수교사과정은 이곳 주정부의 교육청이 공식 인정하는 코스입니다. 특수교사로 일하고자 하는 사람이나 현재 특수교사로 일하지만 자격증이 없는 이들에게 자격증을 주기 위한 공인된 교육과정을 운영하는 것이지요. 또한 교육의 질을 관리하는 권한을 주 교육청으로부터 위임받아서 실행하기 때문에 시험도 매우 엄격하답니다.

발도르프 특수학교에서 1년간의 의무 실습이 끝날 무렵 수업시험을 봅니다. 지도교수 두 명이 실습하고 있는 학교로 와서 실습생이 수업을 어떻게 진행하는지 평가하고 도와주는데, 그 기준이 엄격하기로 정평이 나 있답니다. 수업시험기준에 미달되는 경우, 또 특수교사로서 적격자가 아니라고 판단되는 경우, 인정으로 봐주고 넘어가는 것이 없더군요. 그러니까 특수교사는 두 번의 엄격한 수업시험을 치루어야 합니다. 일반교사과정의 수업시험과 특수교사 수업시험, 이렇게 두 가지를 모두 통과해야 한답니다. 특수교사 양성과정은 비텐 안넨 발도르프 사범대학과는 별도의 경제적 기반으로 운영되고 있으므로 장학금도 대학보다 많이 지급되고 있어 소위 부자기관이라고 하더군요.

새 학기가 시작되는 첫날이면 특수교육을 전공하는 학생과

현직교사, 교수, 관련 기관의 담당자들이 모여 인사도 나누고 한 학기 동안 진행될 교육과정을 안내합니다.

그날 참석자 중 30년 전 이곳에서 발도르프 특수학교 설립을 위해 일했던 분과 한국에서의 발도르프 특수학교 설립에 대한 이야기를 나누게 되었습니다. 그분과 나눈 많은 이야기 중에 인지학이나 발도르프 교육의 도그마에 빠지지 않도록 하는 것이 중요하며, 또한 교육이란 결국 아이들, 좋은 동료를 만나는 것이므로 무엇보다도 인간에 대한 관심과 애정이 최우선이 되어야 한다는 얘기가 기억에 남습니다.

저는 그러한 만남의 기본은, 도대체 인간이 어떤 존재인지를 알아야 더 잘 이해할 수 있고 인지학이 바로 그 열쇠가 될 수 있다고 생각한다고 했더니, 그는 웃으며 '사람은 모두 다르기 때문에 하나의 그룹이나 집단의 성향으로 보면 곤란할 것'이라고 하더군요. 아마도 제가 또다른 도그마에 빠질 것을 우려하여 개별 인간의 존엄성을 강조하고자 했던 것 같습니다.

저는 새로운 학교 설립이 단순히 물리적인 새로운 시스템이기보다는 그 속에서 살고 숨 쉬는 아이들과 교사, 부모, 관계자들이 살아 있는 유기체로 존재하기 위한 것이어야 한다고 생각합니다. 아직은 많은 고민에 싸여 있습니다. 그러나 서두르지 않으렵니다. 하나하나 천천히, 많은 사람들의 의견을 들으며 또 함께 토의하면서 그렇게 시작하려 합니다. 갈 길이 멀지만, 이렇게 가다보면 길이 이어지겠지요.

반즈벡 루돌프 슈타이너 학교, 독일 함부르크

발도르프 학교의 유형

인지학을 바탕으로 한 발도르프 교육을 이해하기 위해서는 현재 독일에 있는 발도르프 학교의 여러 가지 유형을 알아보는 것이 도움이 될 것입니다. 그 전에 학교와 교육의 관계, 교육 대상이라고 일컫는 아이들에 대한 발도르프 교육의 관점을 잠시 소개하면 다음과 같습니다.

교육이란 아이들에게 사회에서 필요한 것, 사회가 요구하는 것을 가르쳐, 사회에 가치 있는 인간으로 키워가는 것(소위 교육의 목적이라는 측면에서 볼 때, 문화 계승 내지는 발전의 기능)이 아니라, 아이가 이 세상에 태어날 때 갖고 온 것이 무엇이며, 이 세상에서 무엇을 실현할 수 있을까를 살펴서 그것을 잘 실현할 수 있도록 돕는 곳이 학교이고, 그리하는 것이 교육의 목적이다.

(루돌프 슈타이너 전집 GA, 293쪽)

이처럼 '타고난 것을 제대로 실현할 수 있도록'이라는 교육 목표를 바탕으로 발도르프 학교의 유형을 대략 여섯 가지로 분류합니다.

1 유형 일반 아동을 위한 일반 발도르프 학교. 일반 학생을 대상으로 1학년부터 12학년까지 통합 학년으로 운영되며, 1학년부터 8학년까지는 한 명의 담임교사에 의해서 학교생활을 합니다. 한 담임이 8년간 맡게 되니 담임이라기보다는 또 다른 부모이자 인생의 동반자라고 할 수 있습니다. 아이들도 8년간 함께 생활하며 친형제, 자매처럼 지내게 됩니다.

2 유형 장애 아동과 비장애 아동이 함께 한 학급에서 공부하는 통합 발도르프 학교. 전체 스물다섯 명의 학생 중, 비장애 아동 스무 명과 장애 아동 다섯 명이 동합되어 학교생활을 합니다. 이때 학급에는 두 명의 교사가 배치되는데, 한 명은 특수교육교사과정을 이수한 교사이며 장애 아동의 학습과 학급 운영을 공동으로 맡게 됩니다. 이와 같은 유형의 학교는 독일 유학 첫해에 저에게 이상적으로 보였고, 한국에 돌아가서 꼭 해보

독일 내에서 아름답기로 소문난 보덴제 발도르프 학교 및 학교 도서실, 위버링엔

고 싶은 학교 모델이었으나, 그곳에서 실습하면서 또 학부모들과 면담하면서 그리 이상적이지 않음을 알게 되었습니다.(빈드라테르 탈 슐레 Windrater Tal Schule가 이 예로 부퍼탈 시내에서 약 20분가량 떨어진 곳에 있는 발도르프 통합학교이다.) 왜냐하면 학년이 높아감에 따라 장애 아동과 비장애 아동의 학습 차이가 심해지면서 학급 내 소외가 발생하며, 그것은 장애 아동들을 '또 다른 섬으로 유배시키는 것'이라고 학부모들은 표현합니다. 즉, 물리적으로 한 학급 내에 장애 아동과 비장애 아동을 모아놓고 있다고 해서 이상적인 통합교육은 아니라는 것이지요. 다시 말해서 아이들의 수준과 요구에 맞는 교육지원이 전제되어야 한다는 것입니다.

3 유형 학습에 문제를 보이는 아동이나 정서적·교육적으로 어려움을 보이는 아동을 위한 학습

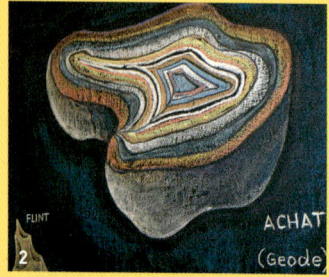

1-3 칠판 그림: 발도르프 학교의 수업시간에는 교사가 칠판에 그림을 그려 놓으면 학생들이 노트에 그리고, 수업 내용을 정리한다.
4-5 학생들이 정리한 노트
6 교실 내부

7 기하학 수업 내용을 교실 뒷벽에 붙여놓았다.
8 장애 아동들의 습식 수채화 작품
9-10 장애 아동 인이 지도를 위한 학습도구
11-12 장애 아동을 위한 음악치료 도구
13 형태 그리기

발도르프 학교의 다양한 활동
1 오이리트미 수업을 마치고 나오는 아이들
2 월례 발표회 오케스트라
3 고학년의 학급여행 스키 캠프
4 저학년의 학급여행 보트 타기

장애 혹은 경계선급 아동들을 위한 특수학교Sonder Schule. 우리 나라와 비교해본다면 일반 초등학교에서 특수학급에 배치되어 있는 아이들 정도에 해당합니다. 아이들의 구체적인 수준을 보면, 학습 내 편차, 개인 내 편차가 심해서 전체적으로 학습 이해 능력이 떨어지거나 읽기나 쓰기에 장애가 있는 경우, 정서적으로 문제가 있는 결손 가정의 아동이나 ADHD(Attention Deficit Hyperactivity Disorder; 주의력 결핍 및 과다 행동장애)로 판명된 아이들, 또한 가벼운 정도의 자폐성 아이들이 다니는 학교입니다. 한 학급에 열 명 내지 열두 명이며 한 명의 담임교사가 배치됩니다. 안타깝게도 우리 나라는 이런 상황의 아이들이 공중분해된 상태라 이들에게 적절한 교육의 혜택을 주지 못하고 있는 실정입니다. 일반 초등학교에 특수학급이라는 이름으로 전국에 80% 이상 설치·운영되고 있으나, 중·고등부로 올라갈수록 학급이 줄어들거나 더 이상 존재하지 않아, 초등 특수학급의 아이들은 초등학교를 졸업한 후 어디론가 사라진다는 것입니다. 이 부류의 아이들이 성장해가면서 여러 가지 어려움을 겪게 되고, 결국은 사회 부적응과 함께 사회문제를 야기하지 않는가 생각합니다. 언젠가 여건이 되면 자세하게 조사해보고 싶습니다.

4 유형 정신지체나 중증 중복장애를 가진 아이들이 다니는 특수학교Heilpaedagogiksche Schule. 소위 지적장애, 정신지체 학교라 불리는 학교 유형입니다. 한 학급에 약 열 명의 학생들이 배치되며 장애가 심한 경우는 학교생활에 도움을 줄 보조원이 상주합니다. 경우에 따라서 두 명의 담임교사가 배치되며 학생들은 필요에 따라 미술치료, 음악치료, 마사지를 이용한 언어치료, 그리고 치료 오이리트미를 받을 수 있습니다.

5 유형 극심한 중증, 중복장애 아동을 위한 학교로 혼사서는 생활에 어려움이 있어 항상 돌봐줘야 하는 아동을 위한 학교. 주로 아동 시설에서 거주하며 오전에만 학교생활을 합니다.

기타 유형 우리 나라의 특수학급과 비슷한 형태로 '작은 학급'이라 불리는 유형. 일반 발도르프 학교에 장애 학생을 위하여 설치된 학급으로 각 학년에서 특별한 도움이 필요한 아이들 열 명으로 구성됩니다. 우리 나라처럼 도구 교과인 국어, 수학 등은 원적 학급(장애 아동의 학적이 있는 원래 학급)에서, 통합 가능하다고 여겨지는 예체능 과목은 장애 아이들과 비장애 아이들을 통합해서 운영하는 부분 통합 형태가 아닌 일반학교 내의 분리 학급입니다. 통합교육의 본래 의도와는 전혀 다르게 운영되고 있다고 할 수 있지요. 그러나 어쩐 일인지 그 속에서 아이들과 교사는 행복해보입니다. 이들이 저마다 '다름'이라는 인간의 본질을 서로 인정하고 시작하기 때문인 것 같습니다.

이상과 같은 여섯 개 형태의 학교가 발도르프 학교의 일반적인 유형입니다. 지난 일 년간 비텐 안넨에서 자동차로 한 시간 정도 거리의 부퍼탈에 있는, 앞의 여섯 개 학교들에서 고루 수업 참관과 실습을 할 기회가 있어 각 학교 유형의 장단점을 비교할 수 있었습니다.

일반 발도르프 학교 적응에 힘들어하는 학생의 경우 인근 통합학교로 보내지기도 하고 그 반대의 경우도 있습니다. 마찬가지로 통합학교에서 어려운 경우는 다시 정서·학습장애 아동을 위한 학교로 보내지기도 하고, 그 반대의 경우도 있습니다. 이렇게 학생들의 요구와 발달, 변화에 따라 적절하게 학교를 제시해주는 구조는 아이들에게 매우 유익하다고 생각했습니다.

아이에게 굳이 경쟁을 강요하고, 꼭 일반 발도르프 학교를 다녀야 한다고 강요하지 않습니다. 그저 아이들이 즐겁게 생활할 수 있는 곳, 아이들의 능력과 소질을 잘 실현하게 하는 최상의 환경이 배움터이며, 그러한 학교 존립의 본래 목표에 충실하기 위해 노력하고 있다고 생각했습니다. 마찬가지로 이들 다섯 개 학교의 교사들은 1년에 한 번씩 연합 회의를 통해 여러 가지 문제를 협의하고, 정보를 주고받으며 세미나도 하면서 협력하여 재충전의 기회를 만들기도 합니다.

이렇듯 발도르프 학교는 커다란 틀에서 루돌프 슈타이너의 인지학을 바탕으로 설립되었지만, 부모나 교사 등 설립 당사자들의 철학과 의지에 따라 매우 다양하게 운영됩니다. 독일 내에서는 약 100년이라는 시간 속에서 발도르프 학교가 독일 주정부가 인정하는 대안학교의 한 형태로 굳건히 자리 잡고 있습니다. 교육은 공적 책임이라는 의미에서 교사의 급여와 학교 운영비의 일부를 주정부가 지급하고 있으나 학교운영이나 내정에 대한 간섭은 거의 없다고 봐도 될 정도입니다.(요즘에는 독일 내 경제사정이 좋지 않아 경제적 지원이 점점 인색해지기 시작했음에도 불구하고.)

다시 한 번 학교는 '아이들이 저마다 세상에 갖고 온 능력을 이 세상에 실현하기 위한 하나의 장場'으로서 존재해야 한다는 의미를 되새겨봅니다.

실습지 트록슬러 학교 학급여행. 독일 데트몰트

거친 바위를 오르는 아이들

의무 실습을 나갔던 발도르프 특수학교인 트록슬러 학교 Troxlerschule 4학년 친구들과 일주일 동안 학급여행을 다녀왔습니다. 이번이 세 번째 학급여행 동행입니다.

학교에서 자동차로 2시간 반가량 떨어진 파다보른을 지나 데트몰트로 향했습니다. 그곳은 게르만 민족의 젊은이들이 성인이 되기 위해 용맹성을 시험했다는 거친 바위산과 능선이 이어지는 곳이었습니다.

처음 실습을 나갔을 때, 저는 담임교사에게 학급여행 프로그램이 나왔냐고, 나왔으면 한 부 복사해달라고 계속 요청했습니다. 왠지 담임은 난색을 표했고, 저는 결국 아무런 프로그램도 받지 못한 채 3학년 학급여행을 함께했습니다. 프로그램도 없이 마치 가족이 여행을 온 것 같은 그런 학급여행이었습니다. 우리나라의 학교 현실에서는 상상도 못한, 계획이나 준비가 없는 그런 여행이었지요. 미리 치밀한 계획서 올리고, 교감·교장 결제받고, 기타 유의사항, 장소 사전 섭외, 밥은 언제 먹고, 언제 휴식할지 등등 세부 계획이 세워질수록 좋은 여행인 듯 그렇게 습관이 되었는데 말입니다.

학급여행 내내 매일매일 날씨와 아이들의 건강 상태에 따라 변하는 일정이었지만 여유롭고 평화롭게 일주일의 학급여행을 마치고 담임교사와 저는 서로를 격려하며 내년에도 꼭 함께할 것을 약속했던지라 올해도 모든 일을 제쳐두고 참석하게 되었던 겁니다. '아이들이 곧 교육과정'이라는 발도르프 교육의 실천현장을 체험한 것이지요.

발도르프 학교에서 4학년은 루비콘 강을 건너 현실에 발을 내딛기 시작하는 때라고 합니다. 주변의 환경을 익히고, 마을의 지리를 익히고, 조상을 알고, 역사를 배울 시기가 된 것이지요. 게르만 신화 유래지로서 이러한 아이들의 성장 발달에 맞추어 선택하게 된 곳이 바로 엑스턴슈타인이라는 곳이었습니다.

독일에 온 이후 처음 해본 등산(내가 사는 곳에는 산이 없다.)이

트록슬러 학교 학급여행

었고 오랜만에 보는 바위, 암벽이었으니 그저 신기하고 기쁘기만 했습니다. 정상에 올라가면 물이 바위산을 떠받치고 있는 기상천외한 풍경이 펼쳐집니다. 마침 같은 장소로 여행 온 일반 초등학교 고학년 어린이들은 인솔교사가 안전에 대한 확신이 없었던지 바위 아래 앉아서 정상에 대한 설명만 하고는 다시 돌아갑니다. 아이들의 안전이 우선이라 책임이 따르는 모험을 감행하기 어려워하는 것은 한국이나 독일이나 마찬가지라 생각했습니다.

그러나 우리의 용감한 알퐁스 선생님! 장애 아이들 열 명을 이끌고 정상을 향하여 한 걸음 한 걸음 올라가기 시작합니다. 아밀리가 처음에 겁이 나서 잠깐 울었지만, 모두들 씩씩하게 정상까지 올라갑니다. 바라보던 저는 그저 아이들이 대견하기만 했습니다. 아이들은 1년 사이에 콩나물처럼 훌쩍 커버렸더군요. 콩나물 시루에 매일 물을 주어도 물은 다 빠지고 없어도 콩나물은 자라는 것처럼, 숱하게 많은 평가보고서나 계획서는 없지만 아이들이 그렇게 성장했음을 느낄 수 있었습니다.

돌아오는 길에 우리 나라의 지리산 자락 철쭉꽃 군락지인 '세식 평전'과 비슷한 곳에 누워 일광욕을 하며 하늘과 바람과 새소리를 온몸으로 느끼며 휴식을 취했습니다. 평화롭다는 말이 진정으로 실감나는 시간이었지요.

일주일간의 장기 여행에 따른 배설의 어려움으로 담임과 저는 아이들 똥 치우기 바빴지만, 아이들의 표정에는 미안함과 고마움이 담겨 있음을 알 수 있었습니다.

갑자기 개인 일정(덴마크에서 결혼하는 친구의 증인을 서기 위해서)이 생겨 덴마크로 떠나기 위해 파다보른 역으로 가야 하는 저를 위해 담임은 아이들을 모두 봉고차에 태우고 파다보른 성당을 견학하는 일정을 겸해서 준비했습니다. 물론 이것도 즉흥적인 치밀한 계획이었지요. 기차시간까지 조금 여유가 있어 성당 본당에 들어선 우리는 누가 시작했다고도 할 수 없이 노래를 시작했습니다. '도오나~ 노오비스~ 파~아~챔 파~챔~~~(주여, 우리에게 평화를 주소서.)' 두 담임과 제가 어느새 3부로 아이들을 이끌고 우리들의 노랫소리는 대성당의 둥근 돔에 부딪혀 깊은 울림으로 메아리쳤습니다. 성당 밖에서 지나가던 관광객이 우리의 노랫소리를 듣고 살며시 들어와 둥그렇게 서서 노래 부르는 우리를 향해 경건하게 두 손을 모으고 지켜보았습니다.

짧은 견학을 마치고 덕분에 기차역까지 편히 도착하여 아이들과 담임과 뜨거운 포옹으로 작별인사를 나누고 덴마크로 향하였습니다. 덴마크로 향하는 기차 안에서 내내 아이들과 함께 지냈던 이곳저곳이 머릿속에서 넘나들었습니다.

오이리트미 공연. 스위스 도르나흐 오이리트미 공연단

경쟁만이 힘일까요?

어제는 제가 사는 이곳 비텐 안넨에서 자동차로 10분 정도 걸리는 도시보쿰 랑 안드레아에 있는 발도르프 학교의 12학년 졸업작품 발표회에 다녀왔습니다.

발도르프 학교는 초, 중, 고등학교가 1학년부터 12학년까지 통합학년으로 운영되지만, 대학에 진학할 학생은 12학년을 마치고 1년간 아비투어Abitur, 소위 대학수능시험을 준비하게 됩니다. 일부 발도르프 학교의 졸업반 학생들은 일반 인문계 학생들이 고 1, 그러니까 10학년부터 3년간 아비투어를 준비하는 기

보쿰 랑 안드레아 발도르프 학교 12학년 졸업작품. 독일 보쿰

함부르크 반즈벡 루돌프 슈타이너 학교의 12학년 졸업 공연 포스터, 무대, 연습 장면

간에 비하여 턱없이 부족하다고 불만도 있지만, 그간의 알찬 학교생활이 어떤 에너지로 승화했는지 1년간 공부해서 좋은 결과를 내는 학생들이 많더군요. 결국 발도르프 학생들은 1년을 더 공부하는 셈이지요. 최근에 들리는 바로는 독일의 교육정책에 의해 앞으로는 발도르프 학교도 12학년에서 학제를 마칠 예정이어서, 결국 발도르프 학교는 교육과정을 축소 운영할 수밖에 없다고 어려움을 토로하기도 한답니다.

제가 다녀온 이 학교는 인근의 발도르프 학교에 비해 매우 큰 학교로 한 학년에 세 개의 학급이 있습니다. 각각 A, B, C반이라고 부르더군요. 그 중 C반은 학습장애나 정신지체가 있는 아이들을 위한 일종의 특수학급이라고 할 수 있는데, 이들을 일컬어 '작은 학급'이라 합니다. A, B반에 비하여 인원이 열 명 미만으로 적기 때문입니다. 앞서 발도르프 학교의 유형을 소개하면서 거론했던 학급이지요.

발도르프 학교에서 12학년 졸업발표란 대대적인 연극 공연과 함께 11학년부터 1년간, 자신이 원하는 주제로 일종의 연구논문을 작성하고 발표하는 겁니다. 이 과정에서 실용적인 작품을 만들기도 하고, 또 실연을 해보이기도 한답니다. 제각각 다양한 주제를 정한 학생들은 자신의 재능과 가능성을 새롭게 발견하기도 하지요. 어떤 학생은 자동차 설계에서부터 직접 제작까지 해보기도 하고, 또 피아노를 만들어 소개한 친구도 있답니다. 그리고 이러한 과정은 장래 직업 선택의 계기가 되기도 할 정도로 매우 뜻깊은 시간이 됩니다.

제가 관심을 갖고 보았던 것은 C학급 학생들의 작품이었습니다. 한 학생이 탁자를 만들었는데, 어찌나 탐나던지 만드는 과정을 그 학생에게 묻자 자세히 설명해주었습니다. 조금은 어눌한 말솜씨였으나 과정 하나하나에 대한 깊은 이해를 볼 수 있었습니다. 떨리는 손으로 한 글자 한 글자를 최선을 다해서 적어낸 작업과정 기록을 보며 저도 모르게 가슴이 뭉클해졌답니다.

그런데 하고 싶은 이야기는 이것뿐 아니라 그날의 발표회에 관한 것입니다. 큰 학교에 세 학급이 있다 보니 발표하는 과정에서 발표 수가 적거나 많은 반이 눈에 띄게 들어오는 겁니다. 그 중 B학급은 담임선생님이 학교나 교사들 내에서 주도적인 입장이었던지, 또는 학생들에 대한 애착이나 욕심이 많았던지 유독 그 학급의 발표가 다른 학급에 비하여 많았습니다. 반면에 A반이나 상대적으로 능력의 한계가 있는 작은 학급 C반은 발표가 그다지 많지 않았지요.

이를 다른 관점에서 얘기할 수도 있겠습니다. 제가 생각하는 것처럼 그것을 경쟁이나 비교의 관점으로 보지 않을 수 있다는 것입니다. 학생들은 그러한 상황을 그리 심각하게도, 또 경쟁적으로 생각하지도 않습니다. 그저 각자, 또 각 학급 나름대로 준비된 것을 보여주는 이상도 그 이하도 아닐 수 있는 것이지요.

돌아오면서 저는 경쟁과 공정분배에 민감해 있던 제 자신의 가치관을 한번 돌아보게 되었습니다. 한국에서 교사생활 할

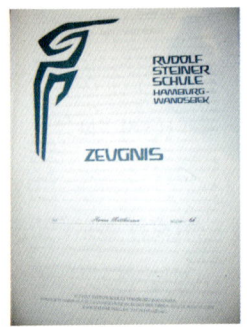 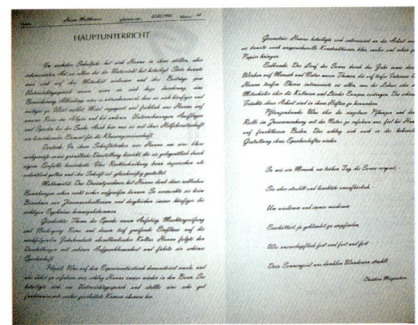

발도르프 학교의 성적표(상대평가가 아닌 주관적 서술형의 평가 기록지)

때, 그런 미묘한 문제로 교사회의 시간에 교사들 간에 얼굴을 붉혔던 기억도 새삼 떠올랐습니다. 교육이라는 큰 틀 속에서 아이들의 요구나 능력을 살피기보다는 나 자신의 만족이 우선시되었던 그런 부끄러운 모습 말입니다.

경쟁만이 서로를 발전시키는 것일까요? 우리는 경쟁이라는 구조를 심지어는 '선의의 경쟁'이라는 이름으로까지 미화시키며 경쟁 사회, 경쟁 교육, 모든 것을 경쟁의 논리로 이야기합니다. 왜 죽는 것은 경쟁적으로 죽지 않는지, 우습죠?

그렇다면 발도르프 학교에서 경쟁을 추구하지 않는 이유는 경쟁에서 질 가능성 때문일까? 패배를 두려워한 나머지 경쟁 논리를 비판하는 것일까요? 마치 신포도 이론처럼 말입니다.

경쟁은 같은 능력이라는 전제하에서 이루어져야 한다고 생각합니다. 토끼와 거북이의 경주가 과연 이루어질 수 있느냐는 말입니다. 토끼의 교만함을 빗댄 우화지만, 근본적으로 토끼와 거북이의 특성상 이미 경주의 성립이 불가능한 구도 아닙니까? 경쟁 논리와 잣대로 인간을 설명한다면, 이미 인간이라는 특성을 고려하지 않은 것이라 생각합니다. 인간은 저마다 소질과 능력이 다릅니다. 저마다의 개성과 능력과 특성이 있다는 겁니다. 빠르게 배우는 아이가 있고 천천히 꼼꼼하게 배우는 아이도 있습니다. 이것을 부정하는 순간 아이들은 불행해지고 부모도, 교사도 갈 길을 몰라 헤매기 시작합니다.

12학년이 되어도 입시라는 지옥에 빠지지 않아도 되는 발도르프 학교 아이들이 부러웠습니다. 그러면서 한국에서 편안한 수면조차 포기한 채 악전고투하고 있는 고 3 아이들이 생각났습니다. 숨죽이며 입시생 뒷바라지를 해야 하는 그의 가족들을 생각하니 마음이 착잡해졌습니다. 모두가 1등을 향해 달려가지만, 최고와 일등은 오직 한 사람이기 때문에 희소가치가 있으며, 그것이 하나의 목표가 된다는 데 동의하는 것 같습니다.

그러나 저는 그렇게 생각하지 않습니다. 살아 있는 동안에 이 세상에서 영원한 승자도, 영원한 패자도 없다고 했듯이 승자와 패자의 논리에서 자유롭기 때문에, 발도르프 교육이 그러한 승자와 패자의 논리를 위해서 매진하지 않기 때문에 더욱 매력이 있지 않을까 생각했습니다. 그래서 C학급의 학생들이 당당하게 12학년 졸업발표에 참여할 수 있었던 것 같습니다. '승자와 패자의 논리에서 자유로운 C학급 학생들이 세상에 던지는 메시지를 읽을 수 있다면 세상은 좀 더 살아볼 만한 가치가 있을 텐데.'라는 생각을 하며 돌아왔습니다.

보쿠머 프로젝트를 도입한 발도르프 학교 저학년 교실, 반즈벡 루돌프 슈타이너 학교, 함부르크

책상에서 아이들 구출하기

 독일의 발도르프 학교는 해가 갈수록 그 명성과 함께 전 세계적으로 범위를 넓혀 아시아 지역에서는 2년 전 일본의 도쿄 슐레가 교육청에서 인정하는 인가학교로 자리를 잡았고, 필리핀과 대만, 인도에서도 학교 설립을 위한 움직임이 시작되고 있다고 합니다. 이렇게 세계적으로 많은 사람들의 신뢰를 얻고 있는 이유는 무엇보다도 학교의 자유로운 교육과정과 최소한의 간섭, 그리고 교육에서 아이들이 우선으로 배려되고 있다는 것에서 찾아볼 수 있습니다.

오늘은 그 단면 하나를 소개해보려고 합니다.

'보쿠머 프로젝트Bochumer Project 2002'라 하여 보훔에 있는 발도르프 학교의 새로운 학급운영시범에 관한 것입니다. 이 학교는 우리 나라의 EBS 방송에도 종종 소개되었던 발도르프 학교이며 늘 새로운 시도로 지난 90년간 발도르프 교육이 '박제화'되는 것을 예방하는 역할을 해왔습니다.

시작은 5년 전 슈투트가르트의 한 학교의사(인지학을 바탕으로 한 독일의 헤르데케 지역에 설립된 의과대학을 졸업하고 발도르프 학교에 상주하는 학교의사로, 인지학 의사라고도 한다.)가 초등학교 저학년 아이들의 학교생활에 대한 문제를 제기하면서부터입니다. 저학년 아동들이 학교생활에서 걸상에 앉아 있는 시간이 지나치게 길고, 교실 전체가 책상과 걸상으로 꽉 차 있어 활발한 활동을 할 수 없으며, 이러한 환경은 저학년 아이들의 신체와 정서 발달에 매우 부정적인 영향을 미친다고 보고하였던 것입니다. 이 같은 연구보고를 바탕으로 '보쿠머 프로젝트'라는 이름으로 시작된 교실환경 바꾸기는 기존의 책걸상을 없애고 아이들이 교실에서 충분히 움직이며 교육활동을 할 수 있도록 하였습니다.

교실에 장의자를 배치하고 의자 대신 방석을 사용하여 바닥에 앉을 수 있도록 하였습니다. 이 장의자는 여러 용도로 사용되도록 만들어졌는데 모으면 하나의 식탁이 되고, 다시 배열하면 아이들이 평균대처럼 이용할 수 있습니다. 그러고 보니 놀랍게도 우리 나라 옛 서당의 한 장면을 보는 것 같았습니다.

보쿠머 프로젝트를 도입한 영국의 발도르프 학교 교실. 캠프힐 이스테이트 루돌프 슈타이너 학교, 스코틀랜드 애버딘

이 프로젝트는 이처럼 교실의 물리적 환경뿐 아니라 교육과정과 교사의 역할에 대해서도 대폭적인 변화를 시도하였습니다. 최초의 발도르프 학교에 다니던 아이들과 약 100년이 흐른 오늘날의 아이들이 다른 것처럼, 교육과정과 교사의 역할 또한 변화해야 한다는 당위성에서 비롯된 것이지요.

슈타이너는 그의 강연에서 자주 강조했습니다. "교사는 어떤 종류의 '도그마'에 빠져서는 안 되는 '절대 자유로운 존재'이어야 하며 그렇게 자유로운 존재로서의 교사가 진정으로 자유로운 존재인 아이들을 교육할 수 있다."

오늘날 발도르프 학교의 전통처럼 행해지고 있는 8학년의 졸업 연극 공연과 12학년의 졸업 논문 및 졸업 작품 발표회 등도 이 학교의 시도로 오늘날 많은 발도르프 학교에서 이루어지고 있다는 사실은 매우 고무적입니다.

아이들이 맘껏 뛰어놀 수 있는 공간 확보라는 측면에서 우리의 어린 시절을 회상해보았습니다. 봄이면 산으로 들로 칡을 캐러, 진달래를 따러 다니고, 여름이면 마을 공터에서 다양한 놀이를 하며 지냈던 시절이 떠올랐습니다. 고무줄놀이를 해도 그 움직임은 모름지기 서커스단의 수준이었고, 놀이의 즐거움을 통해 소통의 방법과 규칙을 따르고 양보하는 방법 등 사회를 배웠으며, 진정한 인생의 기본법칙을 배웠다고 할 수 있습니다.

그러나 요즘 우리 아이들에게서 진정한 놀이나 움직임을 볼 수 있을까요? 안타깝게도 아이들의 상상력은 점점 고갈되고,

움직임이 가져다주는 내면의 자신감, 모험심은 점점 사라지고 있습니다. 거리에서 노는 아이들이 사라지고 사설학원에 갇혀 마치 우리에서 사육되는 동물처럼 지내고 있습니다. 앞으로 이러한 아이들이 성장하여 어른이 되었을 때의 모습을 상상하면 걱정이 앞섭니다.

잘 노는 아이가 건강한 삶을 살 수 있습니다. 많이 움직이는 아이들의 에너지는 그들이 성장하였을 때 세상의 긍정적인 에너지로 변화됩니다. 거리의 아이들이 사라짐과 동시에 그 속에서 공유되었던 다양한 놀이문화도 사라졌습니다. 이는 독일과 우리 나라뿐 아니라 전 세계적으로 유사한 경향이라 할 수 있습니다. 우리 교육에도 좀 더 획기적인 사고와 실천의 전환이 필요하다는 생각으로 보쿠머 프로젝트를 소개해보았습니다.

오른쪽부터 열 살의 발렌틴과 안토니아

내 사랑 발렌틴

어제는 2년 전 실습을 했던 부퍼탈에 있는 발도르프 특수학교의 학급 담임에게서 전화가 왔습니다. '애들 보고 싶지 않냐.'며, '보고 싶다.'고 하자 그럼 내일 올 수 있냐고 묻더군요. 특별한 일이 없으니 그렇게 하겠다고 하고 가보니 담임의 생일이었습니다. 아, 2년 전 50회 생일이라고(이곳에서는 50회 생일을 우리의 환갑처럼 아주 크게 치른다.) 함께 축하하고 수첩에 적어놨건만, 잊어버렸던 겁니다.

이 학급은 담임이건, 아이건 생일을 맞은 사람이 아침식사를 준비하여 모두에게 대접하는 것이 전통입니다. 생일을 맞은 사람이 빵과 곁들여 먹을 것을 준비해오는 겁니다. 얼떨결에 초대되어 모처럼 발렌틴을 비롯하여 아이들이 씩씩하게 커가는 모습도 보고 왔습니다.

'발렌틴 하이야, 내 사랑!'

오늘도 그는 저를 보고 반가워 기쁨에 떨며 수줍어합니다.

2년 전 실습을 시작하기에 앞서, 학급 상황을 안내받기 위해 담임과 약속을 하고 학교에 갔죠. 그때 담임은 지금 막 발렌틴 엄마의 장례식에 다녀오는 길이라며 침울한 표정으로 말씀하셨답니다. 일주일 전에 발렌틴의 아빠가 돌아가셨는데 뒤를 이어 발렌틴의 엄마가 자살을 하셨다는 겁니다. 그런데 발렌틴이 이러한 상황을 아는지 모르는지 모르겠다고 안타깝기만 하다는 얘기를 듣게 된 것입니다. 그러니까 발렌틴은 졸지에 고아가 된 것이지요.

발렌틴은 스물한 번째 염색체의 돌연변이로 인하여 생기는 다운증후군 아이랍니다.

개학 후 아이들은 난생 처음으로 부모를 떠나 한 주일간 학급여행을 떠나게 되었지요. 발도르프 학교에서는 매년 학급여행을 가는데, 고학년이 되면 스키장에 가거나 카누를 타는 두 주일 정도의 학급여행을 가기도 합니다.

여행지에서의 마지막 날 저녁식사를 마치고 창밖으로 떨어지는 빗소리를 들으며 아이들은 제각각 내일 학교에 도착하면 엄마 아빠가 마중을 나온다는 얘기를 재잘거리고 있었지요. 그때 구석에서 조그맣게 흐느끼기 시작하던 발렌틴이 더 이상 못 참겠다는 듯 큰소리로 울음을 터뜨리고 말았습니다.

"Mama ist Tod!(엄마가 죽었어!)"

갑자기 서럽게 우는 발렌틴 앞에서 모두들 속수무책이었습니다. 참았던 울음을 이제서야 터뜨린 것이었지요. 얼굴은 순식간에 눈물 콧물로 범벅이 되고 말았지요. 저는 휴지를 가져가 그의 얼굴을 닦아주고는 살며시 안고 등을 토닥여주었습니다.

여행에서 돌아온 후 그는 만만한 듯 내게 장난도 걸고, 또 스스럼없이 안기기도 하며 그렇게 익숙해졌습니다. 저에 대한 집착이 강해서 아침 열기를 할 때 둥그렇게 앉으면 내 옆에는 아무도 접근하지 못하도록 덩치로 밀어붙이곤 했답니다.

그 후 사회복지사에 의해서 그에게 새로운 가정이 연결되었는데, 그 집으로 입양된 이후 그의 모습은 날이 갈수록 엉망이 되어갔습니다. 밤늦게까지 텔레비전 앞에 방치되고, 아침에는 제대로 씻지도 않은 모습이 역력했고, 도시락도 챙겨오는 적이 없었습니다.

당시 저는 아무런 조건이나 전제가 없다면 발렌틴을 입양해서 키우면 좋겠다는 생각을 할 정도였지요. 아이는 점점 총기를 잃어가기 시작했고 보다 못한 담임이 사회복지사에게 건의해서 인지학을 바탕으로 운영되는 어린이 공동체에 보내기로 하였습니다. 학급의 부모들 모두 학부모회의 때 적극적으로 문제에 개입해서 발렌틴을 위해 어떤 선택이 좋을지 함께 고민해 주었습니다. 그리하여 새로운 아동 공동체에 들어간 발렌틴은 사랑받으며 살고 있다는 느낌이 들 정도로 빠르게 변화하기 시작했습니다. 밝게 웃고, 수업에 적극적으로 참여하는 등 반짝반짝 빛나는 모습이 역력했습니다.

실습을 마치고 헤어질 때는 다른 아이들과도 그랬지만 특히 발렌틴과의 이별이 제일 힘들었습니다. 그의 쓸쓸한 얼굴이 아직도 생생하게 기억나지만, 그 아이도 나도 그렇게 세월이 흐르고 서로 제 자리에 정확히 돌아와 있었습니다.

학급의 두 담임은 참 건강하고 씩씩한 사람들입니다. 그래서 그런지 발렌틴을 비롯한 아이들도 또한 건강하고 씩씩합니다. 조금 아픈 아이도 금방 건강을 되찾고 일어납니다. 이에 대한 슈타이너의 말을 인용해봅니다.

장애 아이를 가르치는 교사는 우선 그 자신이 건강해야 건강하지 못한 장애 아이들에게 그 건강을 나누어줄 수 있습니다. 그러므로 교사 스스로 늘 자신의 몸과 마음의 건강을 살펴야 합니다. 왜냐하면 아이들의 물리적 신체는 교사의 에테르체가 관계하고, 아이들의 에테르체는 교사의 아스트랄체(감성체)와, 그리고 아이의 아스트랄체는 교사의 자아구성체와, 아이들의 자아구성체는 교사의 정신적 자아Geistselbst와, 즉 한 단계씩 높은 차원의 본질이 작용하기 때문입니다.

(루돌프 슈타이너, 『특수교육학 강의』 제2강, 1924)

    장애 아이들과 오랫동안 생활하다 보면 부모도, 교사도 때로 지치기 마련입니다. 그러나 장애 아이들과 이미 어떤 식으로든 관련을 맺은 사람들은 아이들의 바른 성장을 위한 양분을 제공하기 위해서라도 스스로 자신의 정신적·신체적 건강에 의식적으로 유의해야 합니다. 장애인의 성장과 관계하는 이들은 이러한 과정에서 장애 아이들을 통해서 한 단계 성숙한 인식의 세계로 나아간다고 생각합니다.

보덴제 발도르프 학교의 중앙홀, 독일 위버링엔

트록슬러 발도르프 특수학교 어린이들의 학급여행 중 간식시간, 하겐의 민속박물관

자폐, 진화된 인간의 미래 모습

15년 전 처음 특수교육을 시작했을 때, 정말 알 수 없는 신비의 세계로 가득 찬 자폐 아이들의 세상을 어떻게 엿볼 수 있을까 많이 고민했습니다. 그러나 시간이 지날수록 그들의 세상을 잘 모르는 사람들이 규명해놓은 '이러이러하기 때문에 이러이러할 것이다.'라는 가설들만 늘어나서 그것들을 읽어내기도 힘들고 그것들을 읽을 때마다 더 혼란스러워져서 그들을 이해하는 데서 점점 더 멀어졌던 기억이 납니다.

슈타이너의 인지학을 바탕으로 장애 아이들을 설명하는 관점 중에 이런 것이 있습니다. "인간의 발달과정에서 다운증후군 아이들이 과거의 인간이라면, 자폐 아이들은 인간의 진화된 미래의 모습"이라고. 과학과 기술이 극도로 발달한 첨단 문명 속에서 살아갈 우리들은 각자가 자신의 세계에 갇혀 스스로 자신과 소통하는 형태로 진화될 것이라는 뜻 같아서, 자폐 아이들의 '집착'이라는 특성을 놓고 한참 이런저런 생각을 해보았습니다.

자폐 아이들을 세 가지 양상으로 분류해볼 수 있습니다.

1 유형 '아스퍼거 신드롬형'이라는 소위 어떤 특정 영역에 천재적인 특성을 가진 경우. 정말 기가 찰 정도로 버스 노선과 세계 여러 나라의 수도를 암기해서 줄줄 말한다든가, 특정 언어를 배우지 않았음에도 말할 수 있다든가, 수학적으로 매우 발달하여 계산능력, 추리능력 등이 뛰어난 유형입니다. 이러한 아이들을 처음 발견한 이는 오스트리아 빈에서 소아과 의사로 일을 하고 있던 한스 아스퍼거라는 사람이었는데 그의 이름을 따서 지어진 진단명입니다.

한스 아스퍼거는 자신이 만난 환자들에 대한 논문을 썼는데, 이때 대상이 되었던 사람들이, 현재 아스퍼거 신드롬이라 불리는 증상을 보이는 사람들이었답니다. 보통 자폐증으로 알고 있는 것과 비슷한 점도 있고, 그렇지 않은 점도 있지요. 그래서 영어권에서는 자폐 스펙트럼Autisitic Spectrum에 아스퍼거 신드롬과 자폐증을 포함시키는데, 자폐 스펙트럼의 가장 큰 특징은 의사소통 능력 결여와 사회성 부족, 상상력 부족을 들 수 있습니다.

물론 자폐증이냐 아스퍼거 신드롬이냐를 진단할 때는 더 세부적으로 들어가지만 중요한 것은 앞에 제시한 특성이 획일적으로 나타나는 것이 아니라 복합적이며 더욱 복잡하게 드러난다는 겁니다. 그렇기 때문에 한 아동을 놓고 반드시 아스퍼거, 혹은 자폐라고 규명할 수는 없다는 것이지요.

 언젠가 신문 기사에서 유명한 과학자나 작곡가 중 일부가 아스퍼거 신드롬을 가졌을 가능성이 있다는 내용을 읽은 적이 있습니다. 예를 들어 모차르트나 미켈란젤로 등 천재적인 삶을 살다간 사람들 말입니다. 오래전에 죽은 사람을 진단한다는 것

보덴제의 브라헨로이터 캠프힐 특수학교의 아이들, 독일 위버링엔

은 불가능하지만, 그 중에 중력의 법칙을 발견한 '뉴턴'도 있었던 것으로 기억합니다.

하지만 '아스퍼거 신드롬을 가진 사람이 모두 천재적인 기질이 있는가?'라고 묻는다면 꼭 그렇지는 않다는 것입니다. 아스퍼거 신드롬을 소개한 책을 보면, 아스퍼거 신드롬을 가진 사람들의 평균 지적 능력은 정상인보다 낮다고 합니다. 그럼에도 불구하고 어느 한 면에 치우치거나 한 분야에 뛰어난 능력을 보인다는 데서 하나의 경향성을 찾아볼 수 있습니다.

2 유형 이러한 경향성과 함께 지적으로 어려움을 보이는 즉, 정신지체 장애를 함께 보이는 경우. 주로 정서장애·자폐 학교에 다니는 아이들로서 집중적인 교육적 중재가 필요한 경우입니다.

3 유형 앞의 두 가지 경향성 없이 소위 '자폐'라고 판정되는 특정한 행동 양상을 보이는 경우. 상동행동常同行動(앞뒤, 좌우로 흔들어대는 행동)이나 집착 등으로 나타나지요.

인지학적 관점에서 인간의 본질은 신체Leib(body), 영혼 Seele(soul), 정신Geist(spirit)의 세 가지로 구성되어 있다고 합니다. 자폐 아이들은 신체와 정신 세계는 문제가 없는 것에 반해서 신체와 정신을 연결해주는 영혼에 문제라면 문제가 있다고 합니다. 비장애인들이 신체와 영혼, 정신을 서로 연결하여 자신을 표현하는 데 반하여, 자폐 아이들의 경우는 신체와 정신을 이어주는 영혼에 문제가 있어 세 가지의 구성요소가 서로 고개를 돌리고 각자 별도로 존재한다는 것입니다. 그렇다고 정신적으로 문제가 있거나 신체적으로 어려움이 있는 것은 아니지요. 대부분의 자폐 아동들이 얼마나 잘 생기고 멋있는지는 현장에서 경험해본 사람이라면 모두 동의할 것입니다.

다시 말해서 자폐 아이들의 경우 외부세계를 일차적으로 받아들이는 신체의 지각 기능에 문제가 없음에도 불구하고, 그것을 정신과 연결하는 감정의 상태에서 더 이상 나아가지 못한다는 것입니다. 달리 표현하면 감정이 신체에 갇혀 있는 감옥살이라 합니다. 그러한 면에서 이들이 집착을 보이는 특정 대상은 그들이 세상과 교통하는 유일한 매체, 도구라고 할 수 있다고 연구자들은 보고합니다.

그렇다면 우리는 이들을 어떻게 바라보고 이해해야 할까요? 우리가 집착하는 것과 그들이 집착하는 것을 결국 같다고 볼 수도 있겠지요. 우리는 일상에서 얼마나 많은 집착을 보이며 살고 있나요? 이루 다 헤아릴 수 없을 정도가 아닌가요? 장애인에게서 보이는 행동 특성은 분명 비장애인에게서도, 소위 정상이라고 생각되는 우리에게도 나타나지만 그것이 경미하거나 다른 합리화된 행동으로 보완될 뿐이라는 것이지요. 장애 아이들에게서 나타나는 장애를 두드러진 특성으로 이해하기보다는 그것을 보통 사람들에게서도 나타나는 하나의 경향성으로 이해하려는 노력이 필요하다고 생각합니다.

브라헨로이터 캠프힐 특수학교의 아이들, 독일 위버링엔

장애 아동은 왜 이 땅에 태어났을까?

특수교육은 교육이라는 큰 틀 아래에 있을 수밖에 없지요. 왜냐하면 특수한 아동도 특수하기 이전에는 보통 아이들과 같은 모습이었으니까요. 뛰어난 천재 아동을 위한 교육보다는 특별한 도움이 필요한 아이들을 위한 교육으로 대변되는 '특수교육', 제가 그 특수교육을 하는 사람이랍니다.

어떤 아이들은 똑똑하게 태어나는데, 왜 어떤 아이들은 장애를 갖고 태어날까요? 그 부모가 뭔가 실수를 해서? 혹시 임신

중에 뭔가 잘못해서? 장애 아이가 태어나면 부모들은 깊은 죄책감에 사로잡히지요. 제가 인지학을 접하기 전에는 아무리 아니라고 해도 막연하게나마 그 부모에게 어떤 결정적인 동기나 원인, 혹은 다른 문제가 있을 것이라고 생각했는데, 그것이 얼마나 어리석은 생각이었는지 모릅니다. 최근 그 어리석음을 하나씩 지혜롭게 풀어가고 있답니다.

세상의 모든 철학이나 종교는 인간의 삶과 죽음에 대해 열심히 말하지만, 인간 탄생의 의미와 탄생 전의 세계에 대해서는 사후세계만큼 말하지 않습니다. 종교의 경우는 더욱 그렇지요. '현세의 삶을 잘 살아야 천국에 갈 수 있으므로 착하게 살라고.' 물론 틀린 말이라고 생각하지는 않습니다만, 여러분은 자신이 태어나기 이전의 세계에 대하여 생각해본 적이 있나요? 그러니까 '나는 어디에서 왔을까?'라는 아주 본질적인 질문 말입니다.

인지학에서는 인간의 탄생을 삶과 죽음만큼이나 의미 있게 보고 있습니다. 인지학에서 인간의 탄생을 이야기할 때 인간은 저 먼먼 '별'에서 온다고 합니다. 자신의 본질적인 존재가 물질적 세계인 지상을 바라보며 자신을 지켜주는 '수호천사'와 함께 이번 생애에 자신이 해야 할 과제를 함께 실현해줄 수 있는 부모를 찾아 나선다고 합니다. 이때 아버지를 택하는 것이 아니라 어머니를 택하게 된다고 합니다. 이쯤 되면 장애 아동이 태어나는 것이 어머니의 책임이라고 할지 모르겠습니다. 그러나 아이가 태어나는 것은 전적으로 어머니, 아버지의 책임이 아니라 태

보덴제의 장애 아동 공동체 브라헨로이터 캠프힐의 느티나무 하우스, 독일 위버링엔

어날 아이의 선택이라는 것입니다. 태어난 아기, 한 생명은 그 이전의 삶에서 제대로 배우지 못하여 뭔가를 모르고 유전적, 혹은 천재적 등 다양한 특성이 있는 가계의 부모를 택하여 육체의 옷을 입고 세상에 태어나게 되는데, 이때 자신의 정신을 반영하는 신체의 옷이 꼭 맞지 않을 때 어떤 문제가 생긴다는 겁니다. 그리고 현실적으로 이러한 문제가 장애로 드러난다는 겁니다. 다시 말해서 자신의 본질과 잘 맞지 않은 옷을 입고 태어나게 되므로 정신적 본질은 문제가 없으나 그 정신을 비치는 거울이 오목, 혹은 볼록 렌즈처럼 올바르게 반영하지 못하기 때문에 보이는 특성을 우리는 '장애'로 인식한다는 겁니다.

슈타이너는 '장애'를 하나의 경향성으로 이해했을 뿐 그것을 어떤 결함이나 부족함으로 보지 않았습니다. 그는 100년 전 사람임에도 오늘날의 진보적인 '장애인 관'을 가진 사람 못지않게, 아니 오히려 더욱 본질적인 현자로서의 관점을 갖고 있었습니다. 그리고 장애인과 관련된 일을 하는 교사나 양육자들의 일을 빗대어 이렇게 표현합니다.

일상에서 의식적인 삶을 살게 되면, 날마다, 매시간 결정해야 할 위치에 있다는 것을 느껴야만 합니다. 모든 행위에서, 그것을 할 수 있는지, 그만 둘 수 있는지, 혹은 완전히 중립적으로 행동할 수 있는지, 그 가능성 앞에 서 있다고 느낄 수 있어야만 합니다. 그리고 이 결정에 용기가, 내적인 용기가 필요합니다. 이 장애 아동 분야에서 어떤 것을 하고자 한다면, 그것이 바로 최초의 전제 조건이 됩니다. 여러분들이 하지 않으면, '죽음과 다음의 출생 사이에 신God들이 하는, 바로 그것을 내가 하고 있다!'는 것을 안다는 것은 엄청난 의미가 있습니다. 이 점을 명상하면서 수용하십시오. 그것을 생각할 수 있다는 것에 큰 의미가 있습니다. 이 점을 명상하면서 수용하십시오. (후략)

(루돌프 슈타이너, 『특수교육학 강의』, 제2과, 1924)

장애 아동을 양육하는 부모는 더 이상 죄의식이나 무력감에 빠져들 이유가 없습니다. 다만 이 아이들이 이 땅에 태어나면서 가지고 온 과제를 잘 풀어갈 수 있도록 그들이 가는 길에 산이 막혀 있으면 함께 터널을 파주고, 가다가 길이 끊어져 있으면 다리를 놓아주고, 지름길을 두고 먼 산등성이를 돌아가야 한다면 지루한 길을 동행해주는 것이 교사와 부모, 관련자들이 해야 할 신의 과제라는 것입니다.

지금 우리 아이들은 거대한 산 앞에, 끊어진 길 앞에, 지루한 산등성이의 어느 모퉁이에 주저앉아 있을지 모릅니다. 우리는 이들의 반려자입니다.

정신의 진화를 믿는 사람들: 괴테의 식물학

괴테는 생전에 자신의 정신세계를 아주 높은 경지에까지 끌어올려 많은 문학 작품과 다양한 분야의 연구로 인류의 삶에 공헌한 사람이지요. 소위 말해서, 난사람이라고 하든가요?

요즘 제가 다니는 비텐 안녠 발도르프 사범대학에서는 교사과정을 공부하는 중 각자의 전공과목을 심화시켜주는 프로젝트 '에포크'가 한 달 정도 일정으로 진행되고 있습니다. 특수교육 전공자들이 모인 우리 과에서는 '변형Metamorphose', '발생학Embryologie', '관계론과 대화론' 등이 필요하다고 건의하여 학교에서는 이 주제에 맞는 강사를 섭외하고 프로젝트 에포크를 진행하고 있습니다. 어제와 오늘 괴테의 식물학에서 다루고 있는 식물의 '변형'을 공부하였는데, 수업을 받으며 느꼈던 몇 가지를 전해보려 합니다.

이곳 독일에 지천으로 퍼져 흔하면서도 귀하게 쓰이는 것 중 민들레와 쐐기풀이 있습니다. 쐐기풀은 우리 나라 것과 조금 다르지만 손에 그 작은 가시가 들어가면 콕콕 쏘는 것이 무척 괴롭지요. 민들레 꽃은 말려 차를 만들어 마십니다.

쐐기풀을 한 포기씩 뽑아서 책상 위에 올려놓고 첫 잎과 중간 잎, 그리고 꽃을 피기 위한 맨 마지막 잎을 놓고 어떤 모습으로 변형하였는지 관찰해보았습니다. 신기하게도 한 포기의 쐐기풀에는 세 개의 각각 다른 잎 모양이 공존하고 있었습니다.

마늘향기풀Knobrauch Roche이라 하여 비비면 마늘 볶는 냄새가 나는 풀이 있습니다. 이 풀 한 포기에도 같은 변칙이 동일하게 존재하고 있었습니다. 잎은 모두 잎이건만 각각 다른 모양을 하고 있었습니다. 성장하면서 모양을 각각 달리하는 겁니다.

모든 살아 있는 존재들은 '변형'을 한다고 합니다. 우리는 수업시간에 쐐기풀 한 포기로 변형을 관찰했지만, 식물을 자세히 관찰하다 보면, 기형으로 생긴 잎이 존재합니다. 우리는 이러한 관찰을 통해서 '식물의 기원'을 역으로 볼 수 있는 눈을 갖게 되지요. 나비에서 애벌레로, 생명에서 알로, 아름다운 꽃에서 씨앗으로 말입니다. 인간도 이와 마찬가지지요. 그 작은 씨앗 속에는 이미 아름다운 꽃이 숨어 있고, 동물에게는 성장하여 새 생명을 잉태할 준비가 되어 있으니 얼마나 신비로운 일입니까.

그러나 인간이 이것들과 다른 것은 육체적 성장과 더불어 더 높은 정신세계로 진화하기 위하여 정신적인 성장을 하면서 변형을 시도한다는 것입니다. 우리는 이러한 이야기를 하면 '꿈'꾸는 사람으로 치부해버립니다. 이런 이야기는 너무 재미없어서 인생이나 삶을 이야기하려면 술자리를 만들어 보따리를 풉니다. 이야기는 '사는 것이 허무해. 인생도 허무해.'로 시작해서 '이렇게 살다가 가는 거지 뭐.'로 끝나거나 주변 사람들의 삶 이야기, 나의 감정 이야기, 남 욕하기 등으로 많은 시간을 허비하곤 합니다. 다른 사람은 잘 모르겠지만, 저의 경우는 세상에 대한 불만, 다른 교사에 대한 불만(자신도 잘 하지 못하면서) 등을 토로하느라 많은 시간을 허비하며 술집에 많은 돈도 지원(?)하며 이곳까지 오게 되었음을 고백하지 않을 수 없습니다.

그러나 잘 생각해보면 사람들은 자신을 인생에서 일어나는 많은 사건의 중심에 놓고 다른 사람이나 세상을 평가하고 비판합니다. 어떤 것은 좋고, 어떤 것은 싫다는 식의 취향이 작용합니다. 내가 싫어하고 좋아하고는 자신의 정신 세계를 성숙시키는 데 전혀 도움이 되지 않습니다. 오히려 자신의 기호와 고정관념만 고착되어갈 뿐이지요. 특히 나이 들수록 그 증상은 더욱 심해지는 것 같습니다.

새롭게 보는 연습을 의식적으로 할 필요가 있다고 생각합니

비텐 안넨 발도르프 사범대학의 변형을 주제로 한 특수교육 수업

1-2 힘의 쏠림에 따라 형태가 어떻게 변화되는지 제작하는 과정, 점토
3 작업에 들어가기 전에 먼저 수업 내용을 설명한다.
4 같은 주제를 목공 작업으로 표현했다.

루돌프 슈타이너, 〈악마들 사이에 있는 예수〉, 목조, 스위스 도르나흐의 인지학 본부

다. 우주가 우리에게 아무 말도 하지 않고 그저 그곳에 존재하듯이, 별자리들은 자신의 법칙대로 그렇게 운행되듯이, 하늘과 땅, 태양과 바람, 동물과 식물 등도 그들의 법칙에 따라 그렇게 존재하듯이, 사물을 있는 그대로, 우리도 나의 기호나 선택으로 서로를 판단할 것이 아니라, 그저 자유롭게 내버려두고 객관적으로 보는 눈을 길러야 할 것입니다. 그렇게 된다면, 자식과 부모 사이, 부부, 친구, 동료 사이의 관계가 훨씬 성숙해질 것 같습니다.

슈타이너의 이야기는 이해하기가 쉽지 않습니다. 아마도 보이는 물질세계에 대한 이야기가 아니라 보이지 않는 정신세계에 대한 이야기이다 보니 그런 것 같습니다. 검증할 수 없는 영역이라는 데도 어려움이 있겠지요. 그래서인지 작은 부분이라도 제가 이해한 것을 저의 삶 속에서 그 예를 찾아서 많은 사람들과 공유하고 싶습니다. 독일어로 된 슈타이너의 책을 읽기가 어렵기 때문이기도 하지요. 사실 독일 사람들도 슈타이너의 책을 제대로 이해하지 못한다고 합니다. 책을 읽다 보면 문법적으로 정확하게 해석을 해도 제대로 이해되지 않는 구절이 있어 힘들어할 내 말 속에 숨어 있는 언어의 힘, 언어의 혼(정령)이 언어체계를 넘어서 전달될 때가 있습니다. 아마도 그건 제가 조금 나이가 들어서일 것이라 생각합니다.

나이도 적당히(?) 들어서, 혼란스럽고 복잡한 일상사에서 떠나 이렇게 자신을 돌아보는 시간이 허용되니 저는 힘들어도 행복한 사람이라는 생각을 해봅니다.

예정된 만남

어느 책에서 읽은 글이 생각납니다. '억지로 만나려 하지 마라. 만날 사람은 다 만나게 되어 있다.'

정말 실감 납니다. 글로벌 시대에도 우리의 인생이 계획된 일정 아래 놓여 있음을 부정할 수 없습니다. 우연히 제가 운영하는 블로그에 댓글을 달고 나왔다가 두 블로그 건너서 알게 된 소중한 인연이 있습니다. 이곳 독일에서 인지학을 공부하는 저와 동갑내기 친구를 만났으니 말입니다. 독일의 속도 무제한 고속도로를 달려 함부르크의 어느 작은 도시에 살고 있던 그녀를 만나는 순간 우리는 서로가 언제부터인가 알고 지냈던 사이처럼 전혀 낯설지 않게 느껴졌습니다. 포도주를 앞에 놓고 새벽 3시까지 서로의 라이프 스토리를 펼쳐냈는데, 어쩌면 삶의 궤적도 그리 비슷한지, 비슷한 환경, 비슷한 학생시절, 인지학을 만난 시기도 비슷하여 참으로 신기하다며 놀라움 반, 기쁨 반으로 날새는 줄 모르고 함께 깔깔거렸습니다.

그러면서 집으로 돌아오는 기차 안에서 문득 이런 생각이 들었습니다. '이 친구와 나는 혹시 오래전부터 만남을 준비해 온 것이 아닐까? 지금까지 삶의 여정이 이 만남을 준비했던 것은 아닐까?' 우리는 사람들의 움직임을 관찰할 수 있습니다. 출퇴근 시간의 복잡한 지하철, 빌딩 숲을 지나 어디론가 부지런히 걸어가는 사람들은 제 각각 목적과 의도를 갖고 움직입니다. 그들이 각자 왜, 어디로 향하는지는 그 사람을 아무리 샅샅이 과학적으로 조사하고 검사해도 알 수 없지만, 그 움직임은 일정한 계획에 의한 것이라는 겁니다. 즉 '계획된 움직임'이라는 것을 알 수 있습니다.

인간의 모든 행동은 그 움직임의 이면에 감춰진 계획과의 연관 속에서만 설명될 수 있다고 합니다. 정신적인 어떤 힘이 우리의 육체를 지배하고 있는 것이지요. 한편, 인지학에서는 우리의 인생을 결정짓는 큰 움직임이라고 볼 수 있는 삶의 계획을 '카르마'라고 합니다. 우리의 긴 인생 여정으로 볼 때 우리는 깨어 있는 동안 끊임없이 움직입니다. 슈타이너의 영향을 받아 인지학적 관점에서 의학을 실천하고 있는 네덜란드의 인지학 의사인 알베르트 슈즈만은 그의 저서 『영혼을 깨우는 12감각 *Die Zwölf Sinne Tore der seele*』에서 이렇게 말합니다.

> 우리가 만드는 하나하나의 움직임들은 우리의 전체 삶을 구성하는 작은 요소들이며, 우리 삶 자체는 전체적인 하나의 큰 움직임으로 볼 수 있습니다. 그런데 우리가 '나의 삶'이라고 할 때, 이 나의 삶이 놀랍게도 타인의 삶으로 가득 채워져 있는 것을 발견하게 됩니다. '당신은 누구십니까?'라고 물으면 그는 자신의 부모에 대하여 설명할 것이고, 그 밖의 가족에 대해 이야기할 것이며 자기가 즐겨 읽는 책에 대하여 이야기할 것입니다. 이렇듯 다른 삶과 얽혀 있습니다.

인간의 삶이 탄생에서 죽음에 이르는 하나의 큰 움직임이라고 볼 때, 누구를 만나 영향을 주고받으며 살아가는가 하는 것 또한 중요한 문제라 할 수 있습니다. 살면서 만나는 많은 일들은 크게 두 가지로 나누어볼 수 있습니다. 우리를 스쳐 지나가는 만남과 우리의 삶에 소중한 의미가 될 진정한 만남이 그것입니다. 우리는 하루에도 수 없이 많은 일들을 경험하지만, 나의 삶에 깊은 영향을 주는 특별한 만남은 흔치 않습니다. 그런데 이 진정한 만남이 결코 우연하게 일어나는 것이 아님을 슈즈만의 다음 설명을 통해서 이해할 수 있을 것입니다.

어떤 순간의 경험이 '어쩐지' 내 삶의 한 부분처럼 느껴질 때가 있지요. 조금 다르게 표현해보자면, '진정한 만남이란 자신이 잊어버리고 있었던 그 무엇인가를 다시 알아보고, 재인식하는 것과 같은 묘한 체험'입니다. 우리는 어떤 물건이나 사람을 처음 접할 때, 혹은 한 번도 들어보지 못한 문장이나 음악을 들을 때 불현듯 언젠가 들어본 것 같고, 어디에선가 만난 적이 있는 듯한 때가 있습니다. 좋은 감정뿐 아니라 나쁜 감정을 갖게 되는 만남도 '인생에서 특별한 만남'으로 영향을 미칩니다.

같은 인류가 각기 다양한 삶의 방식과 모습으로 살아가는 이유를 단지 염색체의 유전적인 요인에 의해 모든 것이 결정되기 때문이라고 설명하기에는 왠지 충분해보이지 않습니다. 오히려 '모든 인간은 각자 자신이 계획한 삶의 목표를 가지고 살아간다.'는 것이 훨씬 설득력 있는 가정이라 여겨집니다. 그리고 이러한 계획된 삶의 결과는 삶을 마친 후 전체 모습이 드러나서야 비로소 판단할 수 있다고 합니다. 결국 죽음에서 출발한다고 볼 수 있는 것이지요.

이제 인생에서 어떤 강한 인상을 받는 이유를 설명할 수 있습니다. "우리의 삶의 계획, 즉 운명에 존재하는 '만남'만이 우리에게 강한 인상을 남기게 된다."(알베르트 슈즈만,『영혼을 깨우는 12감각』중에서) 아직 살아 있는 생명체로서의 우리 삶에 지금도 운명처럼 관계하는 타인과의 만남, 세상과의 만남의 의미를 곱씹어볼 필요가 있다고 생각합니다.

반즈벡 루돌프 슈타이너 학교 어린이들, 독일 함부르크